일 잘하는 악녀(惡女)의 직장처세술 46가지

후지타 나오미

주식회사 UP-WEB 대표이사.
일본 첫 방범전종직으로 모 지방경찰서에서 근무하다 결혼 후 퇴직,
이후 이혼하면서 기자로 투신한다. 매출이 전부인 그곳에서 표창을 받는 수준으로
성장했고 이후에는 회사에 입사해 영업직으로 커리어를 쌓았다.
남성중심사회에서 화려한 신고식을 거치며 고군분투하다 악녀적인 생존법에 눈떠
승승장구한다. 2006년 도쿄 미나토구에서 창업, 회사 경영과 동시에 전문 강사로
활동하고 있다. 또 직장인 여성만을 모은 사회인 스터디 모임 〈악녀학연구소〉를 열어
역사·신화·소설·만화 등에 등장하는 악녀들을 연구하며 그곳에서 발견된 교훈을
다른 여성들에게 전파하는 데 매진하고 있다. 이런 사회활동은 NHK 〈신 도쿄인의
선택〉, TBS 〈다큐멘트 나우〉, J-WAVE, 닛케이 Woman 등의 미디어를 통해 소개되었다.

옮긴이 조경수(趙京洙)

대학에서 만화예술학과 일본학을 공부했다.
케이블채널 FD, 애니메이션 기획자, 저작권 에이전트, 잡지 기자 등 콘텐츠 개발로
10년 이상 활약했으며 현재는 출판기획자 겸 전문번역가로 활동 중이다.
지은 책으로 〈애니메이션 시크리트 파일(공저)〉이 있으며 〈애니메이션 교실〉,
〈도구라 마구라〉 등의 번역에 관여했다.

- ■ 블로그-악녀계 사장의 작업일지(http://ameblo.jp/naoceo)
- □ 악녀학연구소 홈페이지(http://www.110upweb.com/akujyogaku)
- ■ 회사 홈페이지(http://www.110upweb.com)

일 잘하는 악녀의 직장처세술 46가지

후지타 나오미 지음 | 조경수 옮김

Contents

프롤로그 _ 우리 시대, 악녀 이야기 _ 8
악녀지수 Check List _ 13

Chapter 1 • 좋은 사람이라는 가면을 벗자

- 캔디걸은 시키는 일만 하는 잔심부름꾼 _ 18
- 좋은 사람이라서 손해보고 살지 않나요? _ 21
- '좋은사람' 최면에서 깨어나라 _ 22
- 귀차니즘을 벗고 열정 UP! _ 26
- 열심히 하는 것은 중요하지 않다 _ 27
- 상식은 사람마다 다르다 _ 28
- 여성다움을 활용하라 _ 30
- 'only one 악녀'를 향하여 _ 31

Chapter 2 • 악녀가 되기 위해 꼭 거쳐야 할 5단계

- 악녀에 눈 뜨다 _ 42
- 왕따 당하는 쪽에도 원인이 있다 _ 43
- 악녀가 되는 5단계 _ 47
- 꿈을 재발견하다 _ 50
- 생각한다는 것의 수고로움 _ 52

- 통 큰 시야로 전략 구상하기 _ 54
- 강점과 캐릭터를 구체화하라 _ 57
- SWOT 분석, 해 본 적 있나요? _ 63
- 마음을 움직이는 스토리를 만들어라 _ 67
- 남의 시선을 항상 의식하며 행동하라 _ 69
- 영업자의 눈으로 전략을 가다듬어라 _ 71
- 이미지 트레이닝으로 전략을 테스트하라 _ 73
- 인생은 언제나 Try & Error _ 76

 Chapter 3 • 최소 노력으로 최대 결과를 손에 넣는 악녀 테크닉

- 일을 눈에 척척 들어오게 진행시키는 방법 _ 80
  - 01 나만의 문제해결법을 준비한다 • 80
  - 02 무슨 일에든 전력 스타트! • 82
  - 03 유쾌와 불쾌 코드로 푸는 홀로 마인드 컨트롤 • 83
  - 04 남성사회에서 손 안 대고 코 푸는 도움받기 작전 • 86
  - 05 질투를 무마시키는 노력 비추기 작전 • 87
  - 06 사내에 적을 없애는 '~덕분에' 작전 • 88
  - 07 직접 찾는 것보다 빠르고 편리한 프로페셔널 리스트 • 90
  - 08 쓸데없는 행동을 걸러내는 행동정리 강화 계획 • 92
  - 09 사소한 일에도 지혜롭게 수고하기 • 93
  - 10 내 편을 늘리는 급식 작전 • 96
  - 11 최대치의 평가를 끌어내는 기대치 컨트롤 • 97

● 상대가 따라오게 만드는 커뮤니케이션 기술 _ 99

    12 단어 하나만 바꿔도 놀랍게 달라지는 비즈니스 화법 • 99
    13 3포인트 화법과 로직 트리로 논리적인 말하기 • 103
    14 자신 있는 테마로 이끄는 다리 놓기 화법 • 106
    15 TPO나 상대에 맞춘 전화 타이밍 • 107
    16 메일의 인상을 극적으로 바꿔 주는 수신인 칭찬술 • 108
    17 의뢰나 설득은 처음부터 확실하게! • 112
    18 기왕 하는 선물이라면 기습 작전으로! • 114
    19 감사는 철저하게! 4번의 인사와 고객 리스트 • 116
    20 남자 마음을 조정하는 프라이드 자극술 • 118
    21 "NO!" 할 수 있는 사람이 되는 반론 트레이닝 • 121
    22 때로는 과감하게 진짜 화남 연출하기 • 124
    23 커뮤니케이션 영역을 넓히는 응원의 달인 • 125
    24 서로가 행복해지는 악녀적 양보술 • 127

● 하루 24시간 물샐 틈 없는 시간 관리법 _ 130

    25 아침에 30분, 회상 타임 • 130
    26 우아하게 시간 효율을 올리는 3단계 스케줄 관리법 • 131
    27 남의 변덕에 휘둘리지 않는 사전 약속 확인법 • 135
    28 자투리 시간을 활용하는 영어수첩과 목표 리스트 • 136
    29 시간관념을 일깨워 주는 센스만점 상황 판단력 • 138

- 일에 필요한 스킬을 올리는 스피드 공부법 _ 139
    - 30 뇌 과학에 기초한 모나리자 학습법 • 139
    - 31 의외로 큰 도움이 되는 만화 학습법 • 142
    - 32 매일의 경험에서 배우는 비즈니스 일기 • 145
    - 33 바쁘다는 핑계로 하지 않는 공부시간 확보법 • 146

- 나를 일류 브랜드로 만드는 이미지 관리법 _ 147
    - 34 사용법에 주의, 눈물의 임팩트 작전 • 147
    - 35 인상을 바꾸려면 겉모습부터! 외모 업그레이드 기술 • 149
    - 36 말투와 행동거지는 무술처럼! 기합 & 리듬 작전 • 151
    - 37 비즈니스에서도 득이 되는 TPO 스타일링 기술 • 153

- 때때로 상처받은 나를 위로하는 멘탈 컨트롤 _ 157
    - 38 슬럼프에 빠졌을 땐 흥얼거리자! 기분전환용 주문 • 157
    - 39 긍정적인 해석으로 좌절도 극복하는 리프레이밍 방법 • 159
    - 40 이것이 궁극의 하트 소생술 • 161
    - 41 스트레스를 날려 보내는 복수노트 • 162
    - 42 나를 위한 시간과 응석 받아주기 • 163

- 자신의 무대를 넓혀가는 인맥 늘리기 기술 _ 165
    - 43 새로운 장소와 자극을 통해 성장하는 그룹 업그레이드 기술 • 165
    - 44 상대의 마음속으로 곧장 날아드는 선제질문법 • 167
    - 45 성공한 사람과의 접점을 넓히는 공감 포인트 작전 • 169
    - 46 누구나 할 수 있는 팬 만들기 작전 • 171

에필로그 _ 악녀같은 행동으로 놀라게 해서 미안해요 _ 174

Prologue

우리 시대, 악녀 이야기

악녀는 어떤 여자?

악녀는 현명하게 일과 인생을 조절하는 매력적인 여자를 말한다.

악녀는 명확한 목표를 갖고, 똑똑하게 생각해서, 작전을 세운 뒤, 터프하고 쿨하게 목표점을 노린다. 결코 이상야릇한 수단방법으로 남자들을 갖고 놀거나 젊음과 미모를 이용해 먹잇감을 낚아채려고 하지 않는다.

악녀는 욕심이 많다. 일에서도 연애에서도 취미에서도 우정에서도 손에 넣고 싶은 것, 소중하게 여기는 것이 있다. 어느 것 하나를 위해 다른 것을 포기하거나 참지 않는다. '이것이냐 저것이냐'가 아니라 '이것도 저것도'라고 생각하는 게 악녀 스타일이다.

악녀는 능동적이다. 목표 달성을 위해 주변에 의식적으로 작업을 건다. 자기중심적이고 노골적인 방법은 NO! 나의 희망사항을 부드럽게 포장해서 마치 당신이 그렇게 하고 싶었던 것처럼 생각하게 만든다. 사람의 마음을 움직이는 데 능수능란하다는 말씀.

악녀는 결코 머리카락을 휘날리며 열심히 일하거나 혹은 그렇게 보여서도 안 된다. 노력하기 싫어하는 건 아니지만 그보다는 방향을 잘 잡아 오류를 없앰으로써 일의 효율을 높이는 편이다. 언제나 행동에 앞서 어떻게 하면 가장 효율 좋게 성과를 낼 수 있는지 시뮬레이션 하는 습관이 있다.

악녀는 자기가 여자인 것이 나쁘지 않다고 생각한다. 여자로서 약한 면, 힘든 면이 있다는 점을 솔직히 인정하고 남자들의 세계에 정면승부를 걸지 않으면서 오히려 그들이 잘해내지 못하는 틈새시장에 도전한다. 약간의 배려와 서비스 정신, 여성다운 정의감 등 장점과 강점도 적극 활용한다.

악녀는 이 세상에 '백마 탄 왕자' 따위는 없다는 것을 잘 안다. 순정만화의 주인공과 자신을 오버랩 시키는 바보짓은 일찌감치 졸업했다. 어떤 의미에서는 인생의 좌절, 고독한 인간으로서의 아픔도 알고 있다.

악녀는 잘 안 되는 일이 있어도 결코 남 탓 하지 않는다. 불운은 그냥 불운일 뿐, 내 힘으로 바꿀 수 있는 것이 무엇인지 찾는다. 상대를 원망하거나 피해의식을 느끼는 것 따위는 시간낭비라고 생각한다.

악녀는 뜻밖에도 사려 깊으면서 예의 바른 사람이다. 끝까지 결과에 집착하지만 동시에 주변 사람들과의 관계를 소중히 여긴다. 사람과 사람의 만남이나 인연이야말로 이 세상의 진정한 꽃이라는 것을 잘 알기 때문이다.

또 하나의 길로서의 악녀

'악녀는 나하고는 아무 관계없어!' 이렇게 생각하는 사람이 많을 것이다. 이런 사람일수록 세상을 정직하게 전력을 다해서 살면 길은 저절로 열린다고 믿는다.

하지만 누구나 사회에 나와서 4, 5년쯤 되면 일이나 사생활에서 한두 번의 큰 실패와 좌절을 경험한다. 내가 상처받을 뿐 아니라 가까운 사람까지 상처 입히는 민폐를 끼치고 있다고 생각한 적은 없나? 이대로는 안 된다고 생각하지만 어떻게 해야 할지 몰라서 같은 실패를 두세 번 반복하는 사람도 있을 것이다.

특히, 일본에서 여자들은 태어나서부터 학교를 졸업할 때까지 주변 모든 남자들로부터 응석꾸러기 대접을 받으며 자란다. 가정과 학교는 어떤 의미에서 세상의 차가운 바람으로부터 이들을 지켜주는 보호막이다. 그 속에서 무럭무럭

크면 '꿈꾸는 응석꾸러기=캔디걸'이 될 확률이 높다.

그러나 사회는 가정이나 학교와는 규칙이 다른 정글이다. 불합리한 일이나 상식이 통하지 않는 인간은 어디에나 얼마든지 있다. 누구도 그것을 미리 가르쳐 주지 않으며 스스로도 잘 눈치 채지 못하기 때문에 기존에 갖고 있던 가치관이나 상식과의 차이에 놀라 상처받게 된다. '이럴 리가 없는데.' 분개하며 눈물을 흘리다가 '저 사람이 나쁜 거야, 이 회사가 나쁜 거지.' 하고 범인 찾기를 시작해 '나에게는 역시 무리' 라며 포기해 버리기도 한다.

이런 좌절을 겪은 뒤 어떤 사람은 연약한 여성성을 던져 버리고 남성사회로 정면돌파해 '철의 여인'이 되어 간다. 어떤 사람은 젊음과 미모로 남자들의 속마음을 흔들어 세상을 영리하게 헤쳐 나가고 있다고 착각하는 '작은 악마'가 된다. 내 생각과 세상의 차이에 혼란을 겪으면서도 변함없이 백마 탄 왕자를 기다리는 캔디걸도 물론 있을 것이다

여기, 그 외에도 또 하나의 길이 있다. 바로 지혜로운 '악녀'로 사는 방식이다.

지금 사회가 요구하는 '악녀 전략' ● ● ●

미래사회에 여자들이 일과 사생활에서 행복한 인생을 손에 넣고 지속해 가기 위해서는 악녀적인 생각과 실천력이 필요하다고 생각한다. 되는 대로 노력해 보거나 있는 그대로의 캐릭터로 승부해서는 기대한 결과가 나오지 않는다. 그 점은 당신은 벌써 느끼고 있지 않은가?

모름지기 능력 있는 여자는 잘 생각한 뒤에 행동한다. 내 주변에서 나이와 지위에 관계없이 능력 있다고 평가받는 여자들을 보면 공통적으로 갖고 있는 덕

목이 있다. 자신의 강점을 잘 살린 작전, 타인의 마음을 쥐락펴락하는 효과적인 언어 선택, 때때로 슬며시 드러나는 장미 가시와도 같은 강함, 상대를 치켜세우는 여성다움 등. 이런 사람일수록 매사에 아주 잘 생각해서 쿨하고 차밍하게 행동한다.

나는 우리 여자들이야말로 '생각하고 행동한다'는 약간 수고스러운 원칙을 반드시 지켜야 한다고 생각한다. 생각 없이 행동부터 해서 자기 실력을 다 내보이지도 못하고 사회에서 주눅들어 있는 여자들이 너무나 많다. 작전 없이 행동한 결과만 갖고 자기 능력을 평가절하해 '내 능력은 이 정도' 라고 바로 한계 짓는 여자들도 많다.

'남자는 배짱, 여자는 애교'라는 말이 있는데, 그것은 '남자는 원래 애교가 있기 때문에 배짱을 더 가져라.' '여자는 원래 행동력이 있기 때문에 애교를 더 가져라.' 하는 교훈이기도 하다.

확실히 여자들은 한 번 이렇다고 판단하면 그대로 질주해 버리는 경향이 있다. 이렇게 말하는 나도 잘 생각하지 않고 행동해서 일과 사생활에서 실패를 거듭했다. 처음엔 부모님이 기뻐할 것 같은 건실한 일을 하게 되었지만 능력을 발휘하지 못하고 퇴직, 그 후 회사를 계속 옮기거나 사업으로 빚지거나 긴자 클럽에서 호스티스로 일하거나…. 벌써 이혼도 세 번(!) 경험한 싱글 맘이다.

지금 돌아보면 실패 원인은 잘 생각하지 않고 눈앞에 있는 일에만 노력하는 쪽으로 도망치는 삶을 살았다는 점이다.

이전과는 전혀 다른 직종으로 바꾸거나 익숙하지 않은 타입의 남자를 선택해 그에 맞는 작전을 제대로 세우지 않았기 때문에 번번이 실패하고 겉돌았다. 두 번째 이혼 후에 아이 딸린 주소지불명 무직자 신세가 되어 버린 것도, 할로

워크(일본의 공영 직업소개 기관)에서 12번이나 면접에 떨어진 것도 다 노력의 방향이 틀렸기 때문이다.

그로부터 수 년.

나는 지금 작지만 회사를 경영하고, 여사장으로서 보람을 느끼는 매일을 보내고 있다. 육아는 전남편이나 남자친구의 손을 빌려 어떻게든 병행하고 있으며, 대학과 1부 상장기업들로부터 나름 인기 강사로 초정받기도 한다. 개인적으로는 사회인 모임인 〈악녀학연구소〉를 운영하며 일과 사랑에 진지한 여성 3천여 명과 함께 역사와 소설에 등장하는 악녀 패턴을 연구하고 있다. '사람을 조정하는 것은 약은 짓'이라고 생각해 왔던 내가 도대체 언제, 왜, 어떻게 바뀐 것일까?

그 답이 이 책 안에 있다.

흥미 위주로 페이지를 팍팍 넘기며 읽어도 상관없다.

잘 생각해서 인생을 현명하게 컨트롤하는 악녀적인 센스가 당신의 삶에 조금이라도 도움이 된다면 다행이겠다.

2010년 1월

후지타 나오미

악녀지수 Check List

당신에게도 악녀 기질이 있을까?
해당되는 항목에 체크하고 그 수를 더해 보세요.

- 악녀라고 하면 곧바로 떠오르는 친구가 최소 1명은 있다.
- 천진난만하다는 말을 들은 적이 있다.
- 독서가 취미다.
- 여자는 이래야 한다는 식의 도덕성에 너무 얽매일 필요는 없다고 생각한다.
- 남에게 의존하는 타입은 아니다.
- 일 외에 전화나 메일을 하는 시간은 비교적 짧다.
- "아름답군요."보다는 "재미있군요."라는 말이 더 기쁘다.
- 자신의 SWOT[1] 분석을 한 적이 있다.
- 두뇌전에 강하고 게임을 좋아한다.
- 의견 차이로 사람들과 부딪치는 일은 어쩔 수 없다고 생각한다.
- 노린 먹잇감(비즈니스, 연애, 돈 등)은 놓치지 않는다.
- 현재 목표와 그것에 도달하기 위한 단계를 바로 대답할 수 있다.
- 몸 바치는 것보다는 몸 바쳐지는 것이 더 많다.
- 스스로 살아갈 수 있을 만큼의 경제력이 있다.
- 남자의 꿈과 자존심을 짓밟지 않도록 신경 쓰고 있다.
- 쇼 윈도우에 비친 내 모습이 아름답다고 느낀 적이 있다.
- 무언가를 선택할 때는 주위 의견보다 내 판단을 우선시한다.
- 의외의 면이 있다는 말을 들은 적이 있다.
- 화려한 장소도 좋아하지만 혼자서 지내는 시간도 꼭 필요하다.

▶[0~5개] 알프스의 소녀 타입

좋게 말하면 순진무구, 하지만 미래에 '영원한 아줌마'가 될 위험성이 있다. 필요 이상으로 주위에 아첨 하는 일이 많고, "언젠가 멋진 남자가 나타나서 내 인생을 바꿔 줄 거야!"라는 터무니없는 환상을 품기도. 극히 드물게는 '양식' 악녀들로서는 맞설 수 없을 정도로 강력한 '천연' 악녀가 섞여 있기도 하다.

▶[6~10개] 상식적인 삶을 벗어나지 않는 현모양처 타입

개성보다는 협조를 중시하고 보수적인 라이프스타일에 행복을 느끼는 타입. 기본적으로 평화주의자며 팔방미인이라 불리는 일이 많다. 단, 얌전한 외모를 신분상승을 위한 간판으로 이용하는 강자도 간혹 있기 때문에 결혼 전략으로 이 타입인 척하는 악녀도 있다.

▶[11~15] 스스로도 조금 느끼고 있는 악녀 예비군

"나는 악녀가 아니니까…." 라고 말하는 사람이 많은 영역. 하지만 그런 사람이야말로 이미 모든 걸 갖추고 있게 마련이다. 용모 단정한 스타일이 많으며, 인생의 다양한 스펙트럼을 알아갈수록 자기다움을 꽃 피운다.
Let's join 악녀~!

▶[16~19개] 전략적 악녀

아름다운 용모를 가지고 인생을 적극적으로 사는 사람이 많다. 자신의 매력을 잘 알고 그것을 발휘할 수 있는 높은 잠재력이 있다. '악녀'라고 써놓고 악인이 되지 않도록 목표 설정과 자기 어필에 신경을 쓰면서 악녀지수를 높이는 데 매진하자.

▶[20개 만점] 의심할 여지 없는 100% 악녀

연애도 일도 커뮤니케이션도 장인정신으로 하는 당신. 인생의 쓴맛, 단맛을 다 아는 당신의 인간미에 남녀노소가 사로잡혀 있다. 때로 질투 섞인 비난을 받을 때도 있겠지만 앞으로도 'only one 악녀'로서 독창적인 삶을 만끽하라.

1 * SWOT는 강점(Strength), 약점(Weakness), 기회(Opportunity), 위협(Threat)의 머리글자를 모아 만든 단어로 경영 전략을 수립하기 위한 분석 도구이다.

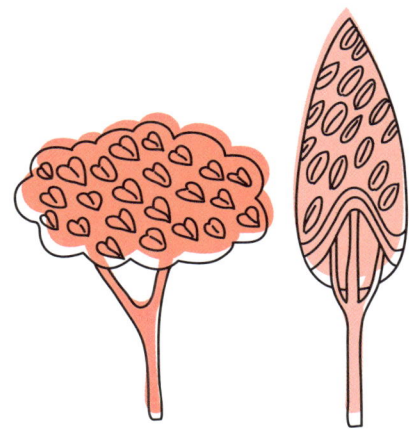

Chapter 1

"좋은 사람이라는 가면을 벗자"

캔디걸은 시키는 일만 하는 잔심부름꾼

악녀의 반대말로 내가 항상 입이 닳도록 하는 말이 '캔디걸'이다. 캔디걸이란 말 그대로 너무 달콤해서 우습게 보이는 여자를 말한다. 사람이 좋고 나쁨을 떠나 세상살이에 너무 안일하거나 자기 주제를 파악할 줄 몰라 인생에 대해 늘 수동적인 것이 특징이라면 특징이랄까? 이런 여자들은 일하면서 꼭 이렇게 징징대곤 한다. "나는 열심히 하고 있는데 그게 잘 안 돼…."

옛날에는 남자 직원들의 신부감 후보 혹은 회사의 이미지걸로 곁에 있어 주기만 해도 빛이 나는 여직원을 원했다. 하지만 요즘 세상에 그렇게 여유 있는 회사는 없다. 남자 직원들조차 하루아침에 목이 잘리는 마당에 방긋방긋 웃으며 시키는 일만 하는 캔디걸들은 자리보전도 어렵다. 요즘은 어느 회사나 직원 한 사람 한 사람에게 엄정한 성과를 요구한다. 그런 현실을 인식하지 않은 채 전략도 없이 시키는 대로만 일해서는 평생 똑같은 불평을 하며 살게 될 뿐이다.

주변으로부터 캔디걸이라는 낙인이 찍히면 자기도 모르는 새에 누구에게나 우습게 보이게 된다. 회사에서는 잔심부름꾼으로 취급당해 계속 단순작업만 맡는다. 그런 일을 하면서 자기 성장이나 만족감을 찾을 수 있을까?

한큐 토호 그룹의 창업자이며 일본을 대표하는 사업가 중 한 사람인 스즈키 이치조는 이렇게 말했다. "만약 신발 관리자로 명을 받았다면 일본 최고의 신발 관리자가 되어라. 그러면 누구도 너를 더 이상 신발 관리자로 놔두지 않을 것이다." 어떤 일이라도 압도적인 퍼포먼스를 보이는 사람은 반드시 눈에 띄게 되어 있다.

하지만 이 말을 '진지한 자세로 열심히 하면 언젠가는 좋은 평가를 받는 거야.' 라고 해석해 버리면 곤란하다. 진정한 악녀들은 '어떤 일이라도 뛰어난 성과를 내지 않으면 결코 인정받을 수 없다, 그리고 일하는 이상 목표는 항상 위에 두어야 한다'고 해석한다.

단순히 주어진 일을 소화하는 것만으로는 아무리 시간과 노력을 들여 회사에 충성하는 모습을 보여도 좋은 평가를 받을 수 없다. 열심히 할수록 능력 있는 직원과 실력 차이만 점점 벌어지고 스스로에게 좋은 경력도 되지 못한다. 비즈니스에 있어서 늘 일하고 있지만 언제라도 대체 가능한 직원과 어떤 상황에서 꼭 도움이 될 것 같은 믿음을 주는 직원 중에 어느 쪽이 더 소중할까? 답은 명백히 후자다.

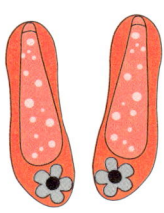

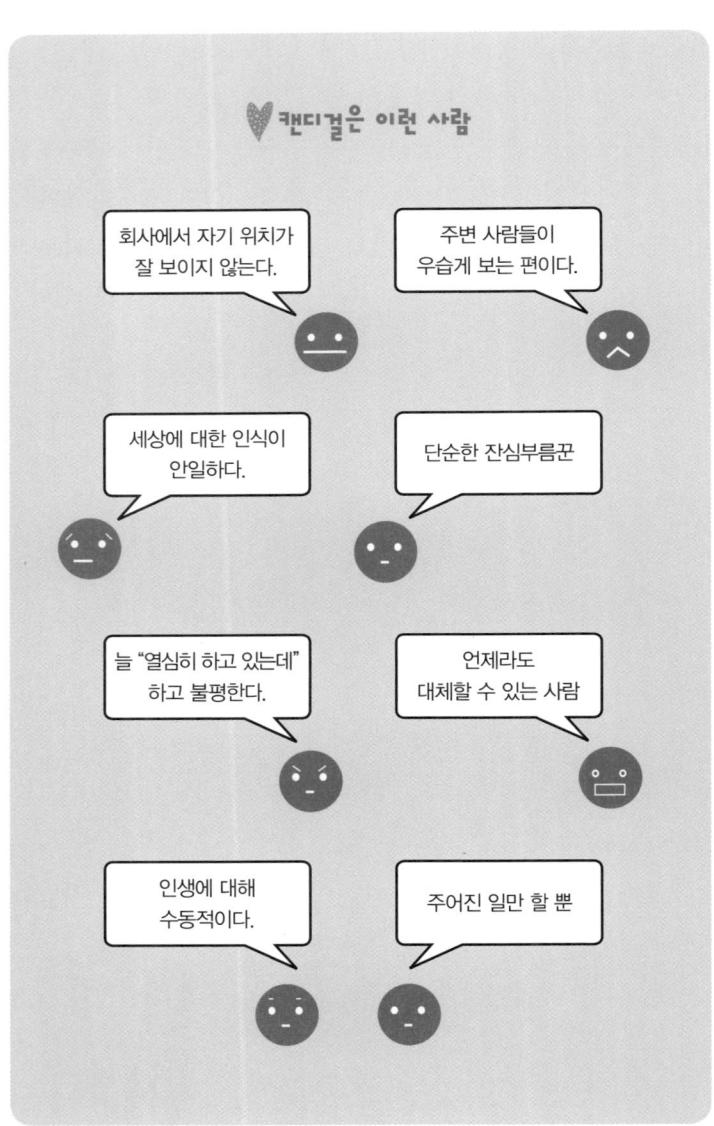

좋은 사람이라서 손해보고 살지 않나요?

캔디걸들의 공통점은 모든 발상과 행동에 '좋은 사람 콤플렉스'가 뿌리 깊게 박혀 있다는 거다. 물론, 누구나 좋은 사람으로 살아갈 선택을 할 수 있다. 그것은 멋진 인생이다. 그런 사람 덕분에 사회에서 일 잘하는 악녀가 눈에 띄고 높은 평가를 얻을 수 있다.

그러나 정말로 좋은 사람으로 살고자 한다면 잘 되지 않는 일, 생각대로 안 되는 일에도 남을 탓하지 않고 자신과 다른 사람들을 교활하다고 비틀어 보지 않는 강함이 필요하다. 냉정히 돌아보면 예전의 나, 그러니까 캔디걸 시절의 나는 위험에 등을 돌리고 책임으로부터 도망가기 위한 변명으로 좋은 사람인 척 행동했던 것 같다. 정말로 갖고 싶은 것을 손에 넣기 위해서는 위험이 따른다. 위험을 감수하지 않고는 정말로 가치 있는 것을 손에 넣을 수 없다. 좋은 사람인 척만 하고 있으면 막상 정말로 열심히 해야 할 상황이 왔을 때 생각만큼 힘을 발휘하지 못하거나 주변에서 제대로 받아들이지 않을 수 있다.

어쩌면 당신도 사실은 훨씬 더 잘할 수 있는데, 좋은 사람을 연기하고 있어서 손해보고 있지는 않은가?

'좋은 사람' 최면에서 깨어나라

좋은 사람은 한마디로 팔방미인이다. 무의식적으로 주위에 자신을 맞추는 습성이 있다. 인생에서는 크든 작든 양자택일의 순간이 찾아온다. 그때 누구에게나 좋은 사람이 되고 싶고, 무슨 일이든 두루두루 잘 마무리 하고 싶어서 방법을 지나치게 고민하면 스트레스가 쌓여 급격히 피곤해지기 쉽다.

좋은 사람은 진지하고 결벽증이 있다. 거짓말은 무조건 나쁘다고 생각한다. 어디까지나 정직하게 사는 것이 소중하다고 생각한다. 노력은 반드시 보상받고, 정의는 반드시 이긴다고 믿는다. 그러나 살다보면 남을 배려하는 거짓말도 있고, 삶의 윤활유로서 거짓말이 필요할 때도 있다. 가능하면 거짓말을 적게 하는 편이 좋지만 언제나 정직한 것만이 최선의 인생은 아니다. 이를 무시하고 사는 건 생각이 부족하거나 아직은 어린 게 아닐까?

좋은 사람은 남의 부탁을 무엇이든 들어 주려고 애쓰지만 특출하게 잘하는 것도 아니어서 주변으로부터 가볍게 취급받기 십상이다. 열심히 하는 것에 비하면 요령이 없는 타입인 것이다. 기회가 눈앞에 있는데도 주저하기 일쑤다. 한마디로 존재감이 희박한 사람이다.

좋은 사람은 상대를 화나게 하지 않거나, 기분 상하지 않게 하는 데 지나치게 집착한 나머지 중요한 판단을 상대에게 맡겨 버린다. 상대의 낯빛을 살피느냐 불합리한 요구도 받아들인다. 이런 행동을 거듭하며 본심과는 다른 말을 술술 한다. "네, 알았습니다.", "좋습니다. 해 놓겠습니다." 하지만 속으로는 '어차피 일이니까.', '월급 받기 위해서니까.' 하고 자기변명을 하며 감정을 억누르곤 한다.

좋은 사람은 자신감이 별로 없다. 스스로 판단할 용기가 없다고 해도 맞을 것이다. 아집이 강한 사람을 비판적으로 보는 경향이 있지만 한편으로는 부럽다는 생각도 한다.

좋은 사람은 무슨 일이든 우호적으로 이야기를 나누면 서로 이해하게 된다고 생각한다. 시간과 돈을 들이면 분명히 그럴지도 모른다. 하지만 비즈니스는 냉정하다. 사생활과 달리 시간이 한정되고 결과가 전부인 세계다. 당연히 일에 우선순위를 매기지 않으면 안 되고, 'Yes or No'가 요구되고, 어느 정도의 마찰을 각오해야 한다. 좋은 사람은 그것을 좀처럼 납득하지 못한다.

좋은 사람은 상대도 좋은 사람이라고 생각하기 쉽다. 따라서 상대가 어떤 사람인지 탐색하는 단계를 생략하고 금방 신뢰해 버린다. 나도 상대를 무방비하게 신뢰했다가 큰코다친 경험이 있다.

좋은 사람은 상황을 객관적으로 보지 못한다. 자신이 어떻게 취급 받거나 어떤 상황에 놓인 것이 누가 봐도 불합리한데, 오히려 "이것으로 괜찮아." 라고 주장한다. 자학적이다. 좋은 사람인 자신에게 도취되어 있다고 해도 맞을 거다.

그런 최면에서 깨어나는 가장 좋은 방법은 한 걸음 물러서서 자신을 보는 것이다. 예를 들어 하늘을 나는 새가 되어 나를 바라본다고 상상해 보라. 회사 책상에서 재미없게 키보드를 두드리고 있는 내가 보이지 않는가? 카페에서 멍하니 차를 마시고 있는 내가 보이지 않는가? 애교 있는 웃음을 흘리면서 맞장구치는 내가 보이지 않는가? 왠지 쓸쓸하게 길을 걷고 있는 내가 보이지 않는가?

그렇게 자신을 객관화하면 답은 저절로 떠오른다. 지금의 내 모습이 싫으면 바꾸면 되고, 괜찮으면 그대로 살아도 좋다. 문제는 상황을 정확하게 보지 못하고 맹목적인 노력만 계속 하면서 불만을 쌓아 가는 것이다. 적어도 그런 상황에서는 빨리 빠져 나와야 하지 않을까?

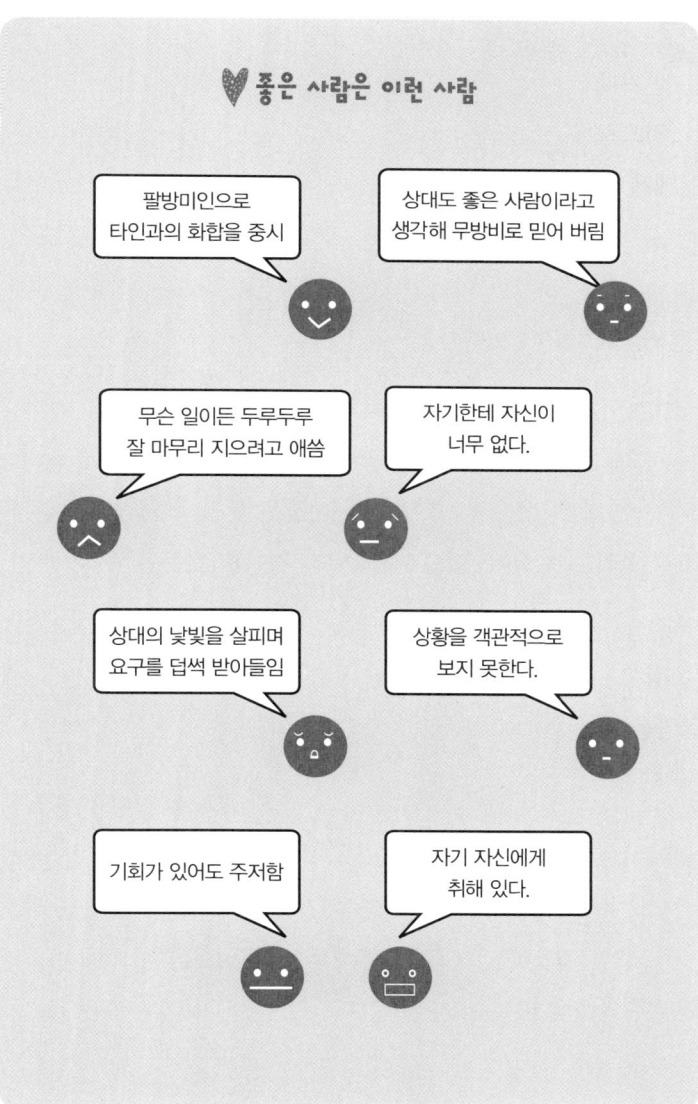

 귀차니즘을 벗고 열정 UP!

특별히 좋은 사람으로 있고 싶은 건 아니지만, 그렇다고 자기 주장을 강하게 하거나 쓸데없는 노력을 하기가 귀찮은 사람도 있다. 이른바 '감정이 가라앉은' 유형이다. 그런 삶의 태도도 있을 수 있다. 하지만 악녀인 나로서는 마치 '저체온' 상태로 사는 것처럼 재미없어 보인다.

인생은 짧고 하고 싶은 일이 많다면 작심하고 한걸음 나아갈 타이밍을 찾아야 한다. '망설일 바에는 저지른다.'는 게 바로 악녀다운 발상이다. 물론 한다고 결정한 이상은 선택에 책임져야 한다. 그만한 각오가 되어 있느냐 없느냐가 결단의 기준이 될 것이다.

"나는 나 자신이 깔아놓은 길을 똑바로 걷는다. 내 마음대로 선택한 길이기에 그 길의 노예가 되겠다." 코코 샤넬이 남긴 명언이다.

만약 지금의 나한테 불만을 느끼면서 바꾸려 하지 않는다면 '바꾸지 않겠다.'는 선택을 한 것이다. 그런 사람을 억지로 등 떠밀듯이 "바꿉시다."라고 닦달할 생각은 없다. 하지만 지금 바뀌고 싶다고 생각하는 이들에게는 "여기, 악녀라는 선택도 있습니다만…." 하며 말을 걸고 싶다.

 열심히 하는 것은 중요하지 않다

긴자의 클럽에는 '영구지명' 제도라는 것이 있다. 고객에게 담당이 한 번 정해지면 그가 아무리 다른 여자를 찾아도 매상은 평생 담당에게 돌아가는 시스템이다. 즉, 이미 담당이 정해진 고객의 테이블에 가서 열심히 서비스해 봤자 그녀의 수입으로는 연결되지 않는다. 하지만 꼭 있다. 언제 어느 자리에서나 미소를 지으며 목숨을 걸듯 열심히 일해 버리는 여자! 그런 씩씩하다 못해 딱한 모습을 보고 있으면 나도 모르게 외치고 싶어진다. "그 자리에서는 열심히 해도 소용없다고!"

경쟁이 심한 실력 중심의 긴자에서 살아남는 여자는 예외 없이 변화를 잘 주는 타입이다. 특별히 신경쓸 곳에는 최선을 다하고 그 외의 고객들에게는 형식적으로 응대한다. 혹은 확실하게 잘라버림으로써 매상 상위를 유지하고 있다.

시간은 한정적인데 하지 않으면 안되는 일은 많다. 그러나 휴식을 잘 취하는 것도 성과를 내기 위해 중요한 요소임을 잊지 말자.

바쁜 비즈니스맨도 마찬가지다. 차근차근 열심히 노력한 대가로 좋은 평가를 받는 건 학생 때까지의 이야기다. 비즈니스 세계에서는 열심히 일한 사람이 아니라 지식이나 인맥, 기술을 살려서 결과를 낸 사람이야말로 좋은 평가를 받는다.

물론 노력은 미덕이다. 하지만 방향을 잘못 잡은 노력은 보상받지 못한다. 결코 성과로 이어지지 않을 뿐 아니라, '나는 이렇게 열심히 하는데' 하고 억울한 기분만 쌓여 성공으로 가는 길에 족쇄가 되는 경우가 많다. 심정적으로는 납득하기 싫을지 모르지만 확실히 열심히 하는 사람보다는 결과를 내는 사람이 대우를 받는다. 노력의 방향이 잘못된 사람은 보상받지 못한다. 그것이 현실사회의 규칙이다.

 ## 상식은 사람마다 다르다

좋은 사람, 쿨한 사람, 열심인 사람은 어떤 의미에서는 상식에 너무 붙들려 있는지도 모른다. 상식은 아주 까다롭다. 마치 만국공통, 인류보편의 것인 양 생각되지만 실제로는 사람에 따라, 조직에 의해, 처해 있는 입장에 따라 크게 달라지는 일이 많다.

최근에 수주한 홈페이지 제작 일 중에 "심플하게, 적당히만 부탁합니다." 하는 요청을 받고 시작한 일이 있다. 말과는 다르게 큰 고통을 체험했다. 위아래서 끊임없이 들려오는 불평들로 인해 완전 노이로제 상태가 됐다. '심플'이라는 의미가 고객과 디자

이너 간에 완전히 달랐기 때문이다.

상식이란 바꿔 말하면 세상의 시선이다. 사회적 동물인 인간은 아무래도 주변의 평가에서 자유로울 수 없다. 좋은 사람, 쿨한 사람, 열심인 것을 좋아하는 사람일수록 남의 시선과 평가 사이에서 균형을 이루는 데 커다란 문제를 느낀다.

그에 비해 악녀는 남의 눈을 그다지 의식하지 않는다. 표정 관리를 잘하며 행동하지만 설령 비판을 들더라도 신경 써 봤자 소용없다고 생각한다.

상식과 도덕이라고 하는 것은 아주 애매하다. 타고난 성격뿐 아니라 태어나서 자란 환경과 경험, 사회와 시대까지도 영향을 끼쳐 사람에 따라서는 하늘과 땅 차이만큼 다를 때도 있다. 그런 것에 휘둘리기보단 자신의 판단 기준을 우선하는 것이 악녀다운 방식이다.

어느 날, 늦도록 일하고 있는 내게 동료가 비꼬듯이 말을 걸었다. "왜 그렇게까지 해서 돈을 벌고 싶은 거지?" 하지만 일하고 있는 동안의 나 자신은 돈을 벌고 있다는 감각이 없다. 사명감을 갖고 일하는 것에서 보람을 찾고, 나 자신에 대한 도전을 계속하고 있다는 감각이 있을 뿐이다. 일을 준 곳에 폐를 끼치지 않게 최소한은 '기대만큼', 가능하면 '기대+α'의 결과를 얻고 싶어서 열심히 한다.

상식이나 도덕, 습관, 그리고 세간의 이목 등을 근거로 무책임한 충고를 늘어놓는 사람들이 꽤 있다. 그런 것에 일일이 반응하며 상처받는 것은 어리석다. 인간은 누구나 훌륭한 재능이 있음에도 가진 능력의 몇 퍼센트밖에 쓰지 못하고 죽는다고 한다. 주변의 잡음에 신경 쓰거나 위축되어서는 자기 능력을 끌어낼 출발선조차 서지 못할 것이다.

생각해 보라. 애매한 상식으로 나를 속박하고 있지는 않은가? 나에 대한 평가는 객관적인가? 주변의 생각에 너무 신경 쓴 나머지 잔뜩 위축되어 있거나 혹은 이미 자포자기하지 않았나? 남이 만들어낸 상식 따위에 휘둘리는 짓은 당장 그만둬라.

# 여성다움을 활용하라

앞서도 말했듯이 내가 생각하는 악녀는 상대를 홀리거나 속여서 뭔가를 갈취하는 사람은 아니다. 전략과 기술을 갖고 현명하게 인생을 조정하는 매력적인 사람이다.

비즈니스에서 결과를 내기 위해서는 여러 가지 방법이 있을 수 있다. 예를 들면 세무와 회계, 법률, 혹은 예술적인 센스와 과학

지식 등 전문성을 철저하게 연마해 특출한 인재가 되는 법, 혹은 남성사회에 정면돌파해서 그 이상의 노력과 열정으로 성과를 올리는 법, 불문곡직하고 실력으로 살아남는 법 등등…. 그러나 나는 어느 쪽에도 별로 흥미가 없다.

일에 성별은 관계없다고 말하는 사람도 있다. 하지만 남과 여, 그 본성에 차이가 나는 것은 당연하지 않은가. 나는 그것을 받아들이고 활용하는 것은 결코 나쁘지 않다고 생각한다. 무엇이든 남자와 동등해지기 위해 동분서주하기보단 여성다움을 활용해 나긋나긋 성과를 올리는 것도 악녀다운 방법이다. 만약 당신이 강철같이 강한 여자가 아니라면 이 방법을 추천한다.

'only one 악녀'를 향하여

다양한 타입의 악녀가 있어도 좋을 것 같다. 악녀를 결코 고정적인 이미지로 가두지 말고, 세상에 하나밖에 없는 나만의 독창적인 악녀를 창조해 보면 어떨까? 그런 'only one 악녀'를 창조하는 데 있어 꼭 필요한 기준 몇 가지를 소개한다.

1. 아름다운 가시

장미는 가시가 있기 때문에 난폭하게 취급받지 않고 아름다움도 돋보인다. 마찬가지로 악녀는 자신을 정중히 맞이하는 사람을 상처 입히진 않지만 둔감한 상대에게는 넌지시 가시를 꺼내 보여줌으로써 '다루기 힘들다.'는 인상을 줘야 한다.

이때 가시를 어떻게 보여주느냐가 중요하다. 처음부터 퉁명스럽게 대하는 것은 NG. 그냥 가시가 아니라 아름다운 가시이기 때문에 표현도 잘해야 한다. 나는 부당한 요구를 받았을 때 대놓고 반격하지 않고 살짝 견제하는 모션을 취하곤 한다. 예를 들면 다른 사람이 실패한 일을 막판에 내가 뒤집어쓸 것 같은 상황이 되면 일부러 모두가 듣도록 "이번에는 내가 하겠지만 이건 사실 A씨 책임이죠?" 라고 말해 보거나 "이런 안건은 앞으로 서면으로 요청합시다." 라고 살짝 경고의 메시지를 보낸다.

2. 악녀의 아이우에오

옛날에는 바느질, 예의범절, 밥 짓기, 세탁, 청소 등 집안일을 잘하는 '사시스세소(앞에 언급한 단어들의 일본어 첫마디를 모은 조어) 미인'이 좋다고 했지만 악녀는 '아이우에오 미인'이다.

아는 아이쿄(あいこう, 애교). 시대가 변했어도 여자의 마음 씀

쏨이는 중요한 무기다. 능력 있는 여자들은 약간의 말로 주변 분위기를 포근하게 만들고 상대방의 마음을 편안하게 한다.

이는 이로케(いろけ, 성적 매력). 이상한 의미가 아니라 화장이나 몸가짐에서 여성다움을 잘 연출하라는 것이다.

우는 위트(wit, 재치). 재치있게 대화하는 사람은 누구나 좋아하고 인상도 좋게 남는다. 그러기 위해서는 머리 회전이 빨라야 하고, 평소에 이야기거리를 잘 모아두어야 한다.

에는 엘레강스(elegance, 우아함). 처음에 언급한 애교에 기품과 우아함을 더하면 더욱 악녀다워진다. 맛있는 요리를 한층 돋보이게 하는 향신료 같다고나 할까?

오는 오센틱(authentic, 믿을 만한). 전부를 벗어던졌을 때 한 명의 인간으로서 알짜배기일 것, 신뢰 받는 존재일 것. 악녀는 연출의 달인이지만 이것만큼은 양보할 수 없는 기본 덕목으로 쭉 지켜 가자고 말하고 싶다.

이상 '아이우에오'를 전부 갖추는 것은 악녀의 기본이다. 애교나 성적 매력만으로는 캔디걸과의 차이가 애매모호하기 때문이다. 아이우에오 전부를 균형 있게 갖추고 TPO(Time, Place, Occasion의 약자 조합으로 시간, 장소, 상황에 맞게 행동하는것을 뜻함. 패션 마케팅 용어)에 맞춰 그때그때 선보일 줄 알아야 악녀 중에서도 프로라고 할 수 있다.

3. 논리 & 정열

논리와 감정. 서로 모순되는 것 같은 두 가지를 자신의 강점과 약점을 고려해 조절할 수 있으면 악녀다운 무기로 빛을 발한다.

원래 여자들은 사물을 감각적으로 받아들이고, 줄거리를 세워서 이해하는 것을 어려워하며, 아이디어는 반짝이지만 종잡을 수 없는 경향이 있다.

그러나 그것이 꼭 마이너스일까? 논리적인 생각에 약하다는 점을 의식하고, 필요할 때 다시 한 번 생각하는 습관을 몸에 익히면 극복할 수 있다. 실제로 나는 이럴 때 '로직 트리(Logic Tree)'라고 하는 사고법을 떠올려 그에 따라 다시 생각하는 습관이 있다(이에 관한 설명은 뒤에 더 자세하게 나온다).

정열은 비교적 많은 여자들이 지닌 장점이다. 단, 그것을 잘 표현하는 능력이 있느냐 없느냐의 문제. 정열이 있어도 적절하게 전달하지 못하면 자칫 감정적으로 비치거나 거꾸로 차가운 사람이라는 오해를 받을 수 있다.

수 년 전에 조금 충격적인 방법으로 감정 전달의 중요성을 깨달았다. 나는 필요 이상으로 건강해 보이는 포동포동한 체형이다. 그래서 몸이 안 좋을 때에도 주변에서 이를 잘 알아주지 않는 경향이 있다. 만화 같은 이야기지만, 복통으로 "몸이 너무 안 좋아요." 했는데도 상사가 "안색 좋네." 하고 넘어가 버려 응급차에 실려 간 일이 있다.

정말로 상태가 안 좋은 것과 상태가 안 좋아 보이는 것은 다르다. 마찬가지로 정열이 있는 것과 정열이 있어 보이는 것도 다르다. 샘솟는 정열을 효과적으로 전달하기 위해서는 평소 거울 앞에서 여러 가지 표정을 연습하면 효과가 크다. 잘하면 '표정이 풍부한' 혹은 '귀여운' 여자라는 평가와 함께 '정직한 사람(!)'이라는 평가까지 덤으로 들을 수 있다. 거울 앞 표정 트레이닝, 오늘부터 꼭 시작해 보라.

4. 나만의 판단 기준

악녀는 상식이나 일반론에는 별로 신경 쓰지 않는 생물이다. 자기만의 확실한 판단 기준이 있을 뿐이다.

항상 흔들림 없는 보편적인 기준이 있으면 멋있겠지만 그런 것은 좀처럼 갖기 어렵다. 현실에서는 상황마다 기준이 달라져도 상관없다. 중요한 것은

'나 자신이 이 문제에서 가장 중요하게 생각하는 것은 무엇인가?

그것을 위해서는 어떤 기준으로 판단해야 유리한가?'를 언제나 의식하는 것이다.

내 판단이 정확한지 아닌지는 나중에 알 수 있지만 내 기준으로 판단했는지 아닌지는 곧바로 알 수 있다. 사람들은 자기 생각에 자신이 없거나 결과를 책임지기 두려우면 무심코 남의 의견에 휘둘리거나 일반적인 상식에 의존하는 경향이 있다. 다른 사람의 의견을 듣는 것은 물론 중요하지만 책임으로부터 도망갈 구실로 삼고 있지는 않는지, 자기만의 판단 기준을 따르고 있는지를 그때그때 확인하는 습관을 들이자.

5. 패러 랭귀지

'패러 랭귀지(paralanguage)'란 손짓이나 목소리 상태 등에 의미를 실어 전달하는 커뮤니케이션 방법을 말한다. 악녀다운 해석으로는 상대의 말속에 들어 있는 진의를 읽어냄과 동시에 자신도 말 외에 다양한 방식으로 뉘앙스를 전달하는 것이다.

우선, 말 속에 숨어 있는 상대의 진의를 읽어내는 것은 여자들의 장기다. 이를 못하는 여자들은 조직이나 비즈니스 세계에서 의외로 잘 안 풀린다. "네가 하는 말이 옳을지는 모르겠지만 나는 싫은데?" 라는 반응을 얻기 십상이다.

상대의 말 뒤에 감춰진 진의를 읽을 수 있게 되면 자기 말에 상반된 뉘앙스를 실어 보내는 것도 자연스럽게 는다. 웃는 얼굴로 'No'를 말할 수 있게 된다거나 싫다는 말에 애정을 담을 수 있으면 커뮤니케이션을 잘하는 악녀다.

커뮤니케이션은 캐치볼과 같아서 받는 사람만 또는 던지는 사람만 숙달되지 않는다. 상대의 마음을 읽고 자기 생각을 한층 더 담아 메시지를 전달해 보자. 일도 사생활도 계속해서 잘 돌아가는 걸 경험하게 될 것이다.

우선은 말 이외의 뉘앙스를 의식하는 것부터 시작한다. 커뮤니케이션 달인이 되기 위한 첫걸음이다.

6. 용기

악녀에게는 항상 용기 에너지가 필요하다. 한 걸음 더 내딛는 용기, 실행에 옮기는 용기, 'NO!'라고 말하는 용기, 자신을 바꾸는 용기, 자신에 대한 변명을 그만두는 용기, 할 수 없는 이유 찾기를 그만두는 용기.

살다보면 문득 망설여지거나 기가 죽을 때가 있다. 예전에 나도 그랬다. 예를 들어 처음 이혼했을 때, 사업을 시작했을 때. 앞으로의 인생은 어떻게 될 것인지, 부모나 친척들에게 폐를 끼치는 건 아닌지, 아이와의 생활은 어떻게 해나갈 것인지… 결단하기까지 정말로 많이 망설이고 고민도 끝이 없었다.

지금도 그런 면이 완전히 없어진 것은 아니다. 하지만 마음이 약해질 땐 예전에 신세졌던 어르신의 말씀을 되새긴다. "무엇보다도 생각하는 것이 중요합니다. 하지만 인생에는 '아자!' 하고 용기 있게 뛰어들지 않으면 안 될 때가 있습니다. 단, 눈을 감고 뛰어드는 것과 눈을 뜨고 뛰어드는 것은 엄청난 차이가 있습니다. 용기를 내서 확실하게 눈을 뜨고 뛰어 드세요."

눈 뜨고 뛰어들기! 내가 언제나 명심하고 있는 일 중의 하나다. 기가 죽어 중요한 기회를 놓치지 않기 위해서라도 '망설일 일이면 차라리 하자!'와 같은 자기규칙을 정해 놓는 것이 좋다.

7. 다이아몬드 방패와 마음의 구급상자

용기를 내서 한 걸음 내딛고도 다시 움츠려들거나 상처받을 일이 생긴다. '다이아몬드 방패와 마음의 구급상자'란 쓸데없는 것에 상처받지 않기 위한 방어책과 상처받았을 때 다시 힘을 내기 위한 대처법이다.

내가 잘 사용하는 다이아몬드 방패 중 하나는 2차대전 때 특공대 기지가 있었던 가고시마현 치란과 야스쿠니 신사를 방문해 나라를 위해 목숨을 잃은 이들의 삶과 마음가짐을 생각하며 상념에 잠기는 것이다. 과오의 시대였기에 이들의 선택도 최선이었다고는 할 수 없다. 그래도 살얼음판 같은 전쟁터에서 자신을 억제하며 죽음으로 나아간 사람들의 사진이나 말을 접하면 나의 고민 따위는 아주 하찮게 느껴진다. 그 앞에서 살아있음의 의미와 나 자신의 목표를 생각하면 마치 다이아몬드 방패에 둘러싸여 보호받고 있다는 느낌이 든다.

'마음의 구급상자'는 나중에 자세히 소개하겠지만, 내 경우엔 따뜻한 목욕탕에 들어가거나 향초를 태우거나 음악을 듣거나 하는 일련의 의식을 치른다. '멘탈 컨트롤'이라고 해서 평상심을 지키라고 권하는 사람들이 있는데, 마음이 흔들리는 것을 어찌 막을 수 있을까? 이를 부정적으로 바라보면 괜스레 자신만 더 추궁하게 된다. 진지한 사람일수록 자신에게 엄격한 편이지만 침울할 때는 자신을 아무리 추궁해도 결과가 좋지 않다. 그냥 나의 상태를 인정하고 '상처받거든 회복되면 된다.'고 생각하는 쪽이 낫다.

Chapter 2

"악녀가 되기 위해 꼭 거쳐야 할 5단계"

악녀에 눈 뜨다

지금은 사람들에게 악녀라고 욕도 먹고 추앙(?)도 받지만 나도 한때는 전형적인 캔디걸이었다. 일은 물론이고 인간관계에 있어서도 악녀와는 상당히 거리가 먼 인생, 특히 남녀관계에는 말하기 부끄러울 정도로 한심한 추억이 가득하다.

그런 내가 어떻게 악녀에 눈을 떠서 사업까지 성공하게 되었을까? 계기는 직장생활에서 경험한 지독한 괴로움 때문이다. 나는 아이를 키우기 위해 긴자 생활을 청산한 뒤 두 번째 이혼을 했다. 그러고는 각종 면접에서 수차례 낙방하는 우울한 일상을 보내던 중에 겨우겨우 어느 경비 회사에 취직할 수 있었다.

싱글맘으로 자립을 각오한 나는 진입장벽이 낮고 여자도 실력으로 정당하게 평가받을 수 있는 영업직을 희망했다. 그러나 회사 간부로부터 '여성에게 영업은 무리'라는 편견 섞인 비난을 바로 들었다. 이전의 나라면 그 자리에서 바로 기가 죽었겠지만 어떻게든 기회를 잡고 싶어서 필사적으로 지혜를 짜냈다. 이것이 처음으로 내 안의 악녀를 깨운 사건이다.

나는 우선 "○○부서로 가고 싶다."고 단도직입적으로 말할 경우 회사에서 어떻게 나올지 상상해 보았다. 아무리 열의를 보여도 조직은 별 대단찮은 요구사항쯤으로 치부해 버릴 것이었다.

그래서 내가 회사 간부라 가정하고 직원이 어떤 식으로 어필해야 회사에 도움이 된다고 느낄지 상상하며 구체적인 작전을 세의 나갔다.

구체적으로는 심한 모욕감을 참으면서 여직원 등용에 매우 부정적인 사람과 대화를 시도해 보았다. "나중에 훌륭한 영업자가 되려면 어떤 준비를 하면 좋습니까?" 하고 선배에게 자문을 구하기도 했다. 또 약간의 위트를 발휘해 여직원 활용에 관한 특집기사가 실린 비즈니스 잡지를 남몰래 사장 책상 위에 올려두었다.

이는 내가 너무나도 절실하게 느끼고 있던 일생일대의 키워드, '제대로 생각한다.'를 활용해서 작전을 구성한 첫 번째 도전이었다. 각종 비즈니스 서적과 자기계발서를 독파하며 어떻게든 더 나은 인생 설계의 힌트를 얻고자 애쓴 것도 이 시기부터다.

왕따 당하는 쪽에도 원인이 있다

희망하는 부서로 발령받기 위해 노력하는 동시에 나는 그 부서로 가게 될 경우를 대비해 영업술에 관한 훈련을 시작했다. 경비 회사의 영업이란 오피스 빌딩이나 창고, 점포 등에 대한 경비 요청을 따오는 것이 주 업무다. 영업은 누구도 먼저 어떻게 해야 하는지 가르쳐 주지 않을 뿐더러, 지극히 남성 중심적인 세계다. 남자와 같은 조건에서는 제대로 일할 수 없을 뿐만 아니라 일이 잘 풀린다고 해도 비슷한 성과밖에 낼 수 없다는 생각이 들었다.

그래서 새로운 작전을 짰다. 내가 선택한 것은 일반적으로 남자들이 생각하지 않고 접근하기도 어려운 여성 전용 시설, 그리고 당시 누구도 영업 대상으로 보지 않았던 공사 중인 건물에 대한 영업이다. 이렇듯 철저한 준비 덕분에 영업부서로 배정받자마자 바로 성과를 낼 수 있었고, 순식간에 여성 첫 관리직으로 추천받기에 이르렀다.

하지만 이례적인 인사로 파격 승진이 결정되자 사람들의 태도가 바뀌었다. 신입 여직원에게 격려를 아끼지 않던 분위기는 미운 오리새끼 대하듯 험악해졌다. '여자라고 특별취급하지 않아!'라는 명분을 내세워 남자 몇 명에게 포위된 채 왕따 당하는 바보 같은 상황도 수차례나 경험했다. 시간이 지나고 영업실적이 더 좋아지면 이런 분위기도 자연히 해소될 것이라고 생각했지만 상황은 전혀 달라지지 않았다.

긴자에서 호스티스로 일할 때는 매출이 곧 전부였다. 하지만 회사라는 조직 생활에는 그런 담백함이 없다. 조직 특유의 규칙이나 관습이 있기 때문에 그것을 무시하고 성과만 올려서는 '뭐야! 저 녀석…' 하는 시기 섞인 핀잔밖에 돌아오지 않는다. 나를 심하게 비난하거나 책임을 가중시키는 억울한 상황에 남몰래 눈물 흘린 적이 한두 번이 아니었다. 상관에게 화를 내며 감정적으로 대하지 말라고 눈물로 호소한 적도 있다.

그러던 어느 날, 평소 도움을 준 K씨에게 직장생활을 이야기하며 '불합리하다'는 표현을 썼다. K씨는 대기업을 정년퇴임한 뒤 많은 회사에서 고문으로 활동하고 있는, 사회의 대선배 같은 분이었다. 늘 상냥하게 대해 주던 K씨가 이 날 처음으로 핀잔 섞인 충고를 해 주었다.

"불합리하다라…. 후지타 씨, 그런 표현은 좋지 않네. 나도 오랜 세월을 살아오면서 불합리하다고 생각해 불평한 시기가 분명 있었다네. 너무 부당하다고 생각해서 강하게 저항한 적도 있었지. 허나 이렇게 단언할 수 있네. 그럴 때는 자신에게도 원인이 있다네."

처음엔 어째서 내 마음을 이해해 주지 않느냐고 반발하고 싶은 심정뿐이었다. 그러나 K씨와 헤어지고 마음을 다잡자 '괴롭힘을 당하는 데도 이유가 있다.' '반감을 사는 쪽에도 원인은 있다.'는 말이 무엇을 의미하는지 이해할 수 있었다. 늘 피해자라고만 생각했는데, 그 원인이 내게 있다고 생각하니 상황을 변화시킬 힘도 내게 있겠구나 싶었다. 이런 깨달음은 엄청난 변화를 가져왔다.

남에게 진심어린 충고를 하는 것은 그 자신에게도 결코 기분 좋은 일이 아니다. 미움 받을 것을 두려워하지 않고 진심으로 충고해 준 K씨에게 지금도 크게 감사하고 있다. 또한 나도 그런 사람이 되고 싶다고 늘 갈망한다.

어쨌든 원인이 내게 있다는 것을 알았으니, 이를 어떻게 바꿀지가 고민이었다. 수없이 고민한 끝에 내린 결론은 바로 '악녀 전략'이다. 진지하게 생각하고 터프하게 행동하는 악녀 되기! 쉽게 말하자면 더 이상 얕보이는 짓 따윈 관두기로 했다. 그렇다고 대놓고 반격하는 건 효율이 떨어진다. 사내에서 경쟁하는 라이벌에게는 '저 사람과 엉키면 번거롭다.'는 정도로, 상관으로부터는 '근성 있는 부하직원'으로 평가받으며 성장하는 것이 제일 좋다. 그래서 내가 우선적으로 한 결심은 '좋은 사람을 관두자'는 거였다.

그때까지의 나는 항상 주변 사람들 반응에 신경 쓰고, 좋은 사람으로 보이려고 부단히 노력했다. 하지만 그렇게 눈치 보며 열심히 하고, 상관이 시키는 대로 해도 결과가 나쁘면 책임지는 것은 결국 나 자신이다. 당신도 알아야 한다. 아무리 명령대로 일했다고 해도 그 선택을 한 것은 바로 당신이라는 사실을. 혹시 그런 책임을 지기 싫다면 직접 모든 것을 생각해서 자신이 믿는 방법으로 최선을 다하는 수밖에 없다.

'악녀가 대체 뭐지?' 이 무렵부터 의문이 떠나지 않았다. 나름대로 각오를 단단히 해서 서서히 악녀로 변해 갔지만, 신기하게도 사내에서의 트러블은 점점 줄었다. 더구나 나의 언행에 스스로 책임지는 자세를 가져서인지 하는 일마다 순조롭게 진행되었다. 회사로부터 표창장을 받은 것도 악녀가 되고 나서의 일이다.

돌이켜 보면 불행은 자신을 바꿀 수 있는 커다란 기회를 주기도 하는 것 같다. 내가 생각을 바꿀 수 있었던 것도, 직장생활이라는 안정을 버릴 수 있었던 것도, 내가 '불행하다'고 느낀 뒤의 일이다. 지금은 인생에서 그런 변화를 겪은 사실조차 크나큰 행운이었다고 생각한다.

악녀가 되는 5단계

지금까지 내가 경험한 사실뿐 아니라 주변에서 '악녀 생존법'을 몸소 실천하고 있는 여자들을 분석한 결과, 악녀가 되기까지는 다음과 같은 5단계를 반드시 거친다.

1단계는 의식 바꾸기다. 의식은 캔디걸인 채로 악녀 테크닉만 사용하면 오히려 역효과가 난다. 요령 없는 어설픈 악마가 될 뿐이다.

2단계는 전략을 짠다. 애초에 방향을 잘못 잡았기 때문에 아무리 노력해도 성과가 안 나고 에너지 낭비만 심했다. 무슨 일을 하든지 나만의 가설을 세운 뒤 행동하는 습관을 들이자.

3단계는 전략을 실천하는 것이다. 일단 한 걸음 앞으로 내딛는 것이 중요하다. 나는 습관적으로 '작심 3일'을 시도한다. 고작 3일밖에 유지하지 못하더라도 몇 번을 반복하면 그 자체로 훌륭하다. 언젠가 하겠다는 생각만 한 채 아무 일도 하지 않는 것보다 몇 배는 옳은 행동이다.

4단계는 피드백이다. 일은 자기만족보다 평가가 중요하고 그것은 나를 더 성장시키는 촉진제가 된다. 직장에서 상관은 결코 인격을 비난하지 않는다. 하지만 대부분의 부하 직원들은 그것을 감정적으로 받아들여 더 괴로워한다. 그래서 피드백 효과가 중요하다. 남의 얘기를 통해 알게 된 자신의 단점이나 개선할 점을 감정적으로 받아들이지 말고, 스스로 진지하게 분석해서 해결책을 현실에 반영한다. 이런 노력을 진지하게 하다 보면 자신도 모르게 최강 노하우를 익히게 된다.

그리고 최종적인 5단계는 기회가 왔을 때 바로 큰 무대로 올라설 수 있도록 늘 준비해 두는 것이다.

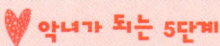 **악녀가 되는 5단계**

| 1. 의식을 바꾼다 | 의식이 캔디걸인채로 악녀 테크닉을 사용하면 오히려 역효과다. |

| 2. 전략을 짠다 | 방향을 잘못 잡으면 아무리 노력해도 결국은 에너지 낭비다. |

| 3. 실천한다 | 일단은 한 걸음 떼고 보자. |

| 4. 피드백 | 일은 평가가 중요하다. 자신을 성장시킬 최고의 재료라고 생각하자. |

| 5. 좀 더 크고, 새로운 무대로 | 기회가 찾아올 때 한 단계 높은 무대로 갈 수 있도록 준비해 두자. |

 꿈을 재발견하다

 의식을 바꾸는 1단계를 위해서는 먼저 '좋은 사람' 가면을 벗어야 한다. "그러니까 지금까지 나도 열심히 노력했다고…." 이런 변명은 쓰레기통에나 쳐넣자. 물론, 오랜 세월 몸과 마음에 밴 습관을 바꾸기는 쉽지 않다. 차라리 나처럼 어쩔 도리가 없는 괴로운 사건에 휩쓸리는 것이 빠를 수도 있지만, 추천할 수는 없는 노릇이다.

 한 가지 좋은 방법은 한 번쯤 자신의 꿈을 진지하게 살펴보고 개선하는 것이다. 구체적으로는 비전맵(vision map) 기법을 활용하면 좋다. 내가 꿈꾸는 라이프스타일을 상상하며 잡지나 여행 팸플릿 등에서 패션, 인테리어, 여행지, 액세서리 등의 이미지를 잘라 스케치북에 마구잡이로 붙여 본다. 2~3개월에 한 번씩 진행하면서 이전 것들과 비교해 보면 의식하지 못했던 욕망을 발견하거나 내가 정말 되고 싶어 하는 것의 구체적인 이미지를 찾아낼 수 있다.

 비전맵을 알게 된 것은 1년쯤 전의 일이다. 블로그에서 알게 된 사람들을 오프라인에서 만나 우연히 비전맵을 만드는 워크숍을 진행하게 되었다. 당시에 나는 "일, 일, 돈, 돈, 남자!"를 외치고 살다시피 해 비슷한 결과가 나오리라 예측했는데, 스케치북 결과물을 보니 의외로 내가 간절히 원하는 욕구는 '평화로운 일상을 소중하게 보내는 것'이었다.

악녀는 늘 '커리어 UP! 연간소득 UP! 자격 취득'과 같은 모범적인 꿈을 좇으며 산다. 그것이 때로는 스스로의 발목을 잡는 방해물이 되기도 한다. 그래서 세인의 이목을 집중시키는 부정적인 사건 하나하나를 걱정하며 우거지상이 된다거나, 자신의 한계치를 설정해 바로 손에 넣을 수 있을 것 같은 일만 목표하는 습성이 만연해진다. 하지만 그런 안일한 생각일랑 빨리 졸업하는 게 좋다. 그리고 자기 자신을 재인식하고 욕구를 충족시키고자 노력하는 것, 그것이 의식을 바꾸는 첫 걸음이다.

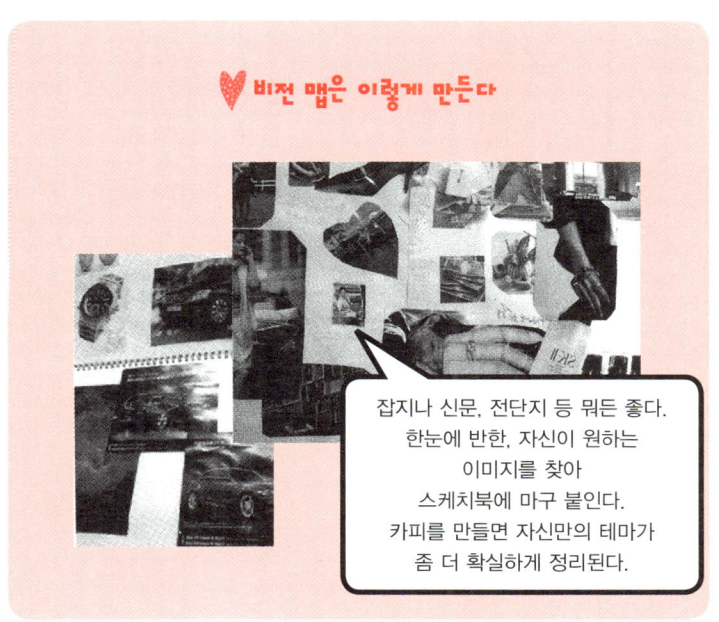

♥ 비전 맵은 이렇게 만든다

잡지나 신문, 전단지 등 뭐든 좋다.
한눈에 반한, 자신이 원하는
이미지를 찾아
스케치북에 마구 붙인다.
카피를 만들면 자신만의 테마가
좀 더 확실하게 정리된다.

생각한다는 것의 수고로움

의식을 바꾸는 것만큼이나 꼭 바로잡아야 할 것은 생각하는 자세다. 주변에서 직장여성들을 보면 '거절하라'와 같은 선택 버튼은 애초에 고려하지도 않고 무턱대고 일을 진행하는 경우가 많다. 이런 얘기에 대부분은 이렇게 반응할 것이다.

"지금 당장 하라고 했으니까…"

"그게 일반적이잖아?"

"잘 모르겠어."

하지만 좋은 사람을 포기하고 악녀가 되기로 결심했다면, 주변에서 부탁한 일에 조건반사적으로 "Yes"라고 대답하는 것을 그만두자. 돌연 "No!"라고 할 필요는 없지만, 우선 숨을 한 번 크게 쉬며 생각해 보는 거다. 생각하는 시간은 빠르면 한 순간이어도 좋고, 바로 결정을 내리지 못하는 타입이라면 일단 부탁 받은 일을 처리한 다음에 생각해도 괜찮다.

'이 사람은 왜 나한테 이런 일을 시키지?'

'나한테 뭘 기대하고 있는 거야?'

'어떻게 대응해야 좀 더 나은 평가를 받을 수 있을까?'

'거절하는 편이 좋지 않을까?'

'만약 거절하면 어떻게 생각할까?'

'거절하면 어떤 상황이 일어날까?'

중요한 사실은 지금까지 조건반사적으로 해 온 행동에 스스로 제동을 걸고 잠시 생각하는 자세를 몸에 익히는 것이다. 시키는 대로 오른쪽에서 왼쪽으로 짐을 옮기는 것뿐이라면 로봇과 진배없다. 확실한 이유를 설명하지 않은 상관이나 회사에도 문제가 있겠지만, 생각도 하지 않고 무조건 행동으로 옮기는 태도에 더 큰 문제가 있다.

악녀는 달라야 한다. 자기 앞에 놓인 일에서 성과를 뽑아내기 위해서는 그 일의 목적이 무엇인지, 어떤 의미가 있는지, 어떻게 대처해야 하는지 등을 항상 생각해야 한다.

생각하기의 포인트는 전체를 의식하는 것이다. 일반적으로 회사 업무는 산산이 분해되어 있어서 해당 업무만 봐서는 어떤 의미가 있는 일인지 알아내기 어렵다. 하지만 부서 전체나 회사 전체에 그 일이 어떤 의미인지를 의식하며 살펴보면 완전히 새로운 모습을 발견할 때가 종종 있다.

'전체 중 이 부분을 담당하고 있다'는 사실을 알게 되면, '이런 식으로 대응하는 편이 좋지 않을까?', '나라면 이렇게 할 텐데…'

하는 아이디어가 끓어올라 일하는 재미가 붙게 마련이다.

우리 회사에서 개최하는 세미나에는 수강생 모두 이름표를 달게 되어 있다. 이때 이름표를 남들이 보기 좋게 다는 사람과 보기 어려운 곳에 다는 사람, 혹은 아예 달지 않는 비협조적인 사람이 있다. 이름표를 잘 단 사람은 대부분 그것이 모임에서 어떤 역할을 하는지 알고 있어서 자리에 앉을 때도 강사가 자기 이름을 보기 쉽게 배려한다. 이런 사람은 대부분 강좌에도 주체적으로 참가하고 좀 더 많은 성과를 얻어서 간다.

조금은 번거로운 일이긴 하지만, 내가 무엇을 위해서 일하고 있는지를 매일 반복해서 생각하는 것만으로도 직장생활에서 빈번히 발생하는 트러블에서 조금은 자유로워질 수 있다.

통 큰 시야로 전략 구상하기

의식을 바꾼 당신. 그러나 악녀로 자립하기엔 아직 멀었다. 조금만 더 기다려라. 행동에는 나침반이 필요하다. 어디로 갈 것인지 알지 못하면 무모한 노력과 시간만 허비하게 된다. 가장 큰 문제는 나침반이 없어서 실패해 놓고 '나는 정말 안 돼.' 라며 자책하면서 스스로 의욕을 깎아내리는 거다. 그러면 패배감만 커져서 앞으로 잘할 수 있는 일마저 놓치게 된다.

그래서 전략이 필요하다. 내가 지금 무엇을 얻고 싶은지, 거기에 도달하기 위해서는 어떤 프로세스가 좋을지, 도중에 장애가 될 사람이나 다른 요소는 없는지, 반대로 나를 도와줄 사람은 누군지…. 이런 것들을 정리한 '약도'를 그려 보라. 물론 세밀한 스킬은 각각의 장면마다 다르겠지만 그에 앞서 전체적인 그림을 살펴볼 필요가 있다.

전략을 세우며 한층 더 신경 써야 할 것은 목표다. 목표가 없다면 전략도 필요 없다. 악녀에게 있어 목표란 '~ 되고 싶다.' 라는 욕망이다. 도대체 무엇이 되고 싶은지 확인하기 위해서는 앞서 소개한 '비전맵'도 도움이 된다.

목표는 현실적이면서도 챌린저블(challengeable : 도전 가능한)한 것이 좋다. 이것은 마크로밀이라는 인터넷 시장조사 전담 회사의 초대 CFO였던 오카모토 씨가 영업 목표를 세울 때 쓰던 말에서 따왔다. 멋진 말이라고 생각해 회사나 나 개인의 목표를 세울 때 반드시 참고하고 있다.

'현실적인 것'과 '챌린저블'은 잘 생각해 보면 모순된다. 허나 지나치게 현실과 타협한 목표로는 의욕이 생기지 않는다. 바로 손에 잡힐 레벨의 목표도 마찬가지다. 이래서는 성장을 기대할

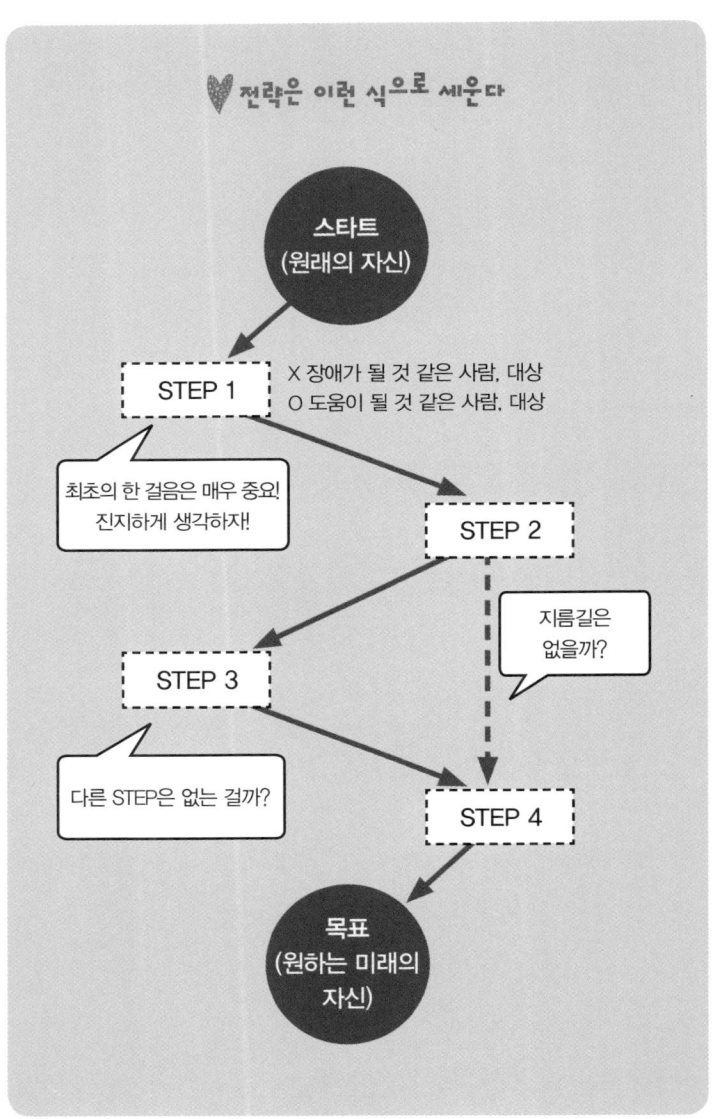

수 없다. 지금 당장은 손에 넣을 수 없지만 사다리든 받침대든 적절한 대응책을 쓰면 손에 넣을 수 있을 정도가 적절하다. 대응책을 손에 넣기 위해 머리를 쓰고 몸을 움직이는 사이에 그에 어울리는 능력도 조금씩 익히게 된다.

강점과 캐릭터를 구체화하라

목표 설정만큼 중요한 요소가 있다. 자신의 강점과 캐릭터를 구체화하는 것이다. 그러면 좀 더 효율적으로 움직일 수 있고 시간을 많이 쓰지 않아도 성공할 확률이 높아진다.

나는 지금까지 많은 사람을 모방하며 살았다. 하지만 아무리 따라 해도 그 사람이 될 수 없고 결과도 좋지 않았다. 긴자에서 일하던 시절에 기모노 입은 인기 마담을 동경해서 옷차림은 물론이고 헤어스타일과 메이크업까지 따라한 적이 있다. 돈과 시간, 에너지를 잔뜩 투자했지만 아쉽게도 내 목표치에는 미치지 못했다. 이를 통해 노력의 양과 결과는 결코 비례하지 않으며, 방향성이 무엇보다 중요하다는 사실을 깨우쳤다.

도대체 나의 장점은 뭘까? 정신을 집중해 생각했고, 그렇게 도출된 캐릭터가 '섹시하고 지적인 여성'이다.

나는 학창시절부터 몸매가 유난히 글래머러스한 것이 콤플렉스였다. 가급적이면 감추고 살려고 노력했지만 객관적으로는 대담한 드레스나 몸매가 드러나는 오피스 복장이 잘 어울렸다. 내 감정일랑 집어치우고 일단 사람들의 평가에서 승산이 높은 섹시한 드레스를 입기로 했다. 단, 섹시 코드만으로는 많은 경쟁자를 물리칠 수 없기에 '지적'이라는 매력까지 가미해 새로운 캐릭터를 선보였다.

솔직히 말해 나는 섹시한 여자를 연기할 정도의 레벨은 아니고 지적인 면도 많이 부족하다. 하지만 그런 사실보다 어떤 위치에서 승부를 걸 것인가, 어떤 장점을 이용해 캐릭터를 구축할 것이냐가 중요하다.

기모노 복장을 위해 쏟았던 노력과 시간에 비교하면 '섹시한 여성'은 절반만 노력해도 충분했다. 그 절반의 노력으로 나는 긴자에서 단숨에 지명도 톱클래스로 올라섰다. 상황이 이리 되면 가게도 나를 소중히 대하고, 다른 가게로부터 스카우트 제의도 들어온다. 소위 잘 나가는 연예인처럼 인기 상승의 맛을 보는 건 짜릿했다.

물론 지금까지 고수하던 작전을 수정한다거나 새로운 캐릭터를 연기하려면 상당한 마음의 준비가 필요하다. 나는 20대 초에 어느 지방 경찰서에서 근무할 때 "미인이지만 머리가 나쁘다."는 소리를 자주 들었다. 그런데 아이러니하게도 긴자에서는 "조금 뚱뚱하지만 머리는 좋다"고 했다. 나는 아무것도 달라진 게 없는데 무대가 바뀌었다는 사실만으로 평가가 확연히 달라졌다.

머리가 나쁘다는 편견 속에서 오래 살아왔기 때문에 처음엔 똑똑하다는 평가를 간단히 받아들일 수 없었다. 내가 대체 어떤 존재인지 몰라서 우왕좌왕하며 인생에서 가장 고민스러운 시기를 보낸 것 같다. 그 무렵 성형도 생각했다. 하지만 얼굴을 고친다고 해서 긴자의 미인들을 이길 자신은 없었다. 당시의 나는 이길 수 없는 부분에만 집착해서 결코 좋은 결과를 얻지 못했다. 누구나 콤플렉스와 정면으로 마주하면 어떤 식으로든 딜레마에 빠지고 만다.

어쨌든 '나는 왜 미인이 아닐까?' 같은 의미 없는 질문을 멈추고 '그래서 내가 어필할 수 있는 장점은 무엇인가?' 하는 적극적인 질문을 반복하는 일부터 시작했다. 이렇게 고민을 거듭해 목표 대상으로 선택한 것이 '지적인 노선'이다. 본의도 아니고 자신도 없었지만 결정한 뒤에는 실천만 있을 뿐이다.

일본경제신문을 매일 읽는 것은 기본, 경영자들이 좋아하는 장

르의 책을 읽고 역사 공부도 열심히 했다. 그렇게 얻은 지식을 자연스럽게 대화에 끼워 넣어서 상대의 기를 살려주거나 환심을 사려고 노력했다. 스스로 지적이라고 생각하는 사람이나 경영자들에게 지금 읽고 있는 책이나 좋아하는 책을 추천받아 구입하는 일도 수없이 했다. 이런 방법은 지적인 사람들의 뇌 구조를 추리해 볼 수 있는 재미를 줄 뿐 아니라 공통 화제를 만들어 선물하는 찬스도 만들어내기 쉽다.

진지한 사람일수록 자신의 약점을 없애려고 애를 쓴다. 하지만 내 경우는 거기에 쏟을 에너지를 오히려 강점을 활용하는 쪽으로 돌려 좋은 효과를 거둔 셈이다. 약점에 신경 쓰다 자신감을 잃어서는 안 된다. 자신이 서 있는 장소만 바뀌어도 그런 평가는 얼마든지 달라진다. 또, 약점으로 알고 있는 것이 사실은 약점이 아닌 경우도 있다. 예를 들어 '내성적이다', '언변에 약하다' 하는 캐릭터는 뒤집어 보면 '속이 깊다', '성실하다'로 바꿔 말할 수 있다.

결국 내가 말하고 싶은 이야기는 간단하다. 자신의 강점을 더욱 돋보이게 하는 전략을 짜야 한다는 것이다. 문제는 사람들 대부분이 자신의 강점을 잘 알지 못한다는 점이다.

친구 중에 28년간 애인이 한 번도 없었음에도 이메일과 핸드폰 문자 등을 통해 200명 이상의 여자를 만나고, 결혼 상대를 찾기 시작한 지 두 달 만에 결혼한 남자가 있다. 그의 강점은 사람의 마음을 파고드는 문장력이다. 특히 메일로 마음을 사로잡는 테크닉은 우리 악녀학연구소 연구원들도 혀를 내두를 정도로 예술적인 경지를 보여준다.

나는 매일같이 많은 메일을 주고받지만 그에게서 메일이 오면 바쁜 용건이 아니라는 걸 뻔히 알면서도 가장 먼저 확인하게 된다. 그의 메일에는 뭔가 굉장한 이야기가 적혀 있는 것도 아닌데 유머와 마음씀씀이, 상냥함으로 뒤범벅된 정열이 느껴진다. 그것이 고도의 테크닉이라는 걸 알면서도 괜스레 기분이 좋아진다.

능력 있는 그도 처음에는 그것이 강점인 줄 몰랐다. 단지 '인터넷에서 이성을 만나 결혼하는 일'이 자신의 강점이라고 생각한 것 같다. 그래서 비슷한 테마로 책을 쓰려고 준비했다. 하지만 친구들로부터 "상대가 반드시 읽고 싶어지는 메일 작성법 같은 걸 쓰는 게 어때?" 라는 조언을 접하고서 그것이 진정한 강점임을 뒤늦게 깨달았다. 사람들은 이렇게 자신의 일은 잘 몰라도 남의 일은 비교적 정확하게 볼 줄 안다. 여하튼 그는 나중에 메일 관련 책을 펴냈는데 그 테크닉이 여기저기에서 화제가 되어 어느 틈엔가 베스트셀러 작가로 성장했다.

자신에게 어떤 캐릭터가 어울리는지 따져보는 건 번거롭고 괴로운 일일 수 있다. 나도 남의 눈에 어떻게 보이고 있는지, 그리고 그게 왜 실제의 나보다 더 중요한 건지를 전혀 모르던 시기가 있었다.

회사원 시절의 나는 심플한 머그잔을 즐겨 썼다. 어느 날 동료가 내 잔을 깨뜨리곤 "나오미 씨와 어울리는 것이 있어서." 라며 새 것을 선물했다. 새 머그잔엔 당시에 내가 믿고 있던 캐릭터와는 전혀 다른, 화려한 문양이 잔뜩 프린트되어 있었다. 나는 스스로 '심플하고 모던한 스타일이 어울리는 사람'이라고 생각했는데 주변에서는 호스티스 출신이라는 이미지 때문인지 '화려한 사람'으로 인식한 모양이다.

나는 그것을 기회삼아 옷차림을 완전히 바꿨다. 이전까지는 주로 눈에 띄지 않고 무난한 스타일을 골랐다면, 이후엔 내게 어울리는 디자인이라면 조금 과감한 것도 거리낌 없이 선택했다. 외모와 캐릭터에 어울리는 화려한 패션 덕분에 나의 인상도 한층 강하게 업그레이드되는 것 같았다.

자신의 강점이나 캐릭터를 전혀 모를 경우엔 주변 사람들에게 물어보는 것이 좋다. 나는 주기적으로 5명한테 "나는 어떤 사람?" 하고 물어서 자진해 인터뷰 당하는 자리를 일부러 갖고 있다. 친한 친구들만이 아니라 그다지 친하지 않은 사람에게 물어본다거나 다른 연령대의 사람에게 물어보면 뜻밖에 좋은 정보를 얻을 수 있다. 의외의 답변에 재미를 느낄 수도 있으니 반드시 실행해 보라.

또 지금까지의 인생에서 사람들로부터 칭찬 받은 경험, 그다지 노력을 기울이지 않고도 무언가 성과를 남겼던 사례 등을 떠올려서 리스트로 만들어 보면 자신의 강점이 무엇인지 쉽게 파악할 수 있다.

SWOT 분석, 해 본 적 있나요?

다른 각도로 자신의 강점을 확인하고 싶다면 마케팅에서 자주 활용하는 SWOT 분석을 추천한다. 간단한 게임을 즐기듯이 나의 강점과 약점을 바로 체크할 수 있다. SWOT 분석이란 신상품 마케팅 계획을 세울 때나 신규 사업을 준비할 때 주로 활용하는 분석법인데, 그 법칙을 개인한테 적용해도 문제없다.

SWOT 분석은 특정 상품이나 조직, 그것을 에워싼 마케팅 환경을 다음 4가지로 나누어 분석한다.

- 강점 (Strengths)
- 약점 (Weaknesses)
- 기회 (Opportunities)
- 위협 (Threats)

비즈니스나 인생 전략을 세우는 데도 이를 응용해 보라. 지금 회사가 보기에 나의 강점은 무엇인가, 반대로 약점은 무엇인가, 어떤 찬스가 있을까, 그리고 무엇이 위협이 될까. 이런 내용을 적어 보는 것만으로도 많은 참고가 된다. 특히 강점으로 표출된 부분에는 온 힘을 다한다거나, 약점이나 위협으로 예상된 부분에는 진지하게 대처하는 식으로 명확한 행동 지침을 세우면 좋다.

SWOT 분석으로 연애 경향을 분석해도 아주 잘 들어맞는다. 분석법에 익숙해지기 위해서라도 일종의 준비운동이라 생각하고 테스트해 보자. 나의 매력 포인트는 무엇인가, 어떤 타입 남자에게 인기 있는가, 어떤 사람과는 라이벌이 되고 싶지 않은가 등을 생각하다 보면 앞으로 있을 미팅에 백전백승할 자신감이 생긴다.

악녀학연구소에서는 '어장'이라는 단어를 써서 자신은 어떤 계통의 남자가 좋고, 어떤 남자들에게 인기 있는지를 분석하는 놀이를 한다. 결과를 보면 아저씨 킬러나 청소년 육성담당이라고 부름직한 편향된 성적 취미가 있는 멤버도 보이고, '파티에서는 문제 있는 친구와 함께 행동하지 않는다'는 식의 불문율이 발견되기도 한다.

긴자의 마담이나 매장 관리인들도 의식적인지 무의식적인지는 몰라도 SWOT 분석과 비슷한 일을 하고 있다. 예를 들어 새로운 아가씨를 채용하려고 할 때 가게의 강점(Strengths)과 약점(Weaknesses), 단골고객층(Opportunities), 라이벌 가게(Threats)를 분석하고, 특히 약점을 커버할 수 있는 대상을 수소문해서 찾는다. 일상 업무에서도 "저 자리는 ○○ 씨가 아니면 곤란해." 하는 식으로, 고객의 취향이나 목적을 분석해 정확하게 지시 내린다.

SWOT 분석을 너무 심각하게 할 필요는 없다. 자유롭게 게임하듯이 하면 충분하다. 몇 번이고 반복하다 보면 자기만의 비결이 보이게 마련이다. 나의 강점이나 약점을 발견한 뒤에는 그로 인해 나타나는 현상을 분석하고 목표점에 도달하기 위한 프로세스를 생각하면 된다.

SWOT 분석에서 자신의 강점을 확인하라

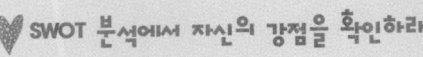

SWOT이란, 강점(Strengths), 약점(Weaknesses), 기회(Opportunities), 위협(Threats)의 요약

	강점 (Strengths)	약점 (Weaknesses)
기회 (Opportunities)	자신의 '강점'과 자신에게 있어 '기회'를 기입 이 부분은 적극적으로 활용하고 행동한다.	자신의 '약점'과 자신에게 있어 '기회'를 기입 약점 때문에 어떤 기회를 놓치고 있는지 인식. 장소에 따라서는 약점을 벗어날 방법을 생각한다.
위협 (Threats)	자신의 '강점'과 '위협'을 기입 능숙하게 막아내며 항상 신경 쓰면서 행동한다.	자신의 '약점'과 '위협'을 기입 이 부분은 가급적 피해야 한다. 이길 수 없는 부분에서는 싸우지 않는 것도 하나의 전략.

4가지로 분리해서 생각해봄으로써 어느 부분에 좀 더 집중하면 좋은지 알 수 있다!

마음을 움직이는 스토리를 만들어라

 전략(목표, 현상, 프로세스)은 문장으로 남겨도 좋고, 개요도를 작성해도 좋고, 그림으로 그려도 된다. 일단 시각화 시키는 것이 중요하기 때문에 자신이 보기 편한 방식이면 아무래도 상관없다. 또, 정기적으로 계속 수정하면 좋고 그 과정에서 처음과 모양새가 달라져도 상관없다.

 이런 전략을 세울 때 반드시 신경 써야 할 것은 자기만의 스토리 만들기다. 사람은 머리로만 이해한 것을 결코 행동에 옮기지 않는다. 마음과 감정이 함께 움직일 때 강력한 에너지를 발휘한다.

 회사의 경영회의나 발표회 등에서 향후 비전을 설명하거나 그래프로 공개한 것을 머릿속에 담아두기는 상당히 버겁다. 그래서 스토리가 필요하다. 사람들은 이야기에 쉽게 빠져든다. 시대와 동서양을 막론하고 수많은 주인공과 라이벌 간의 대결과 그 활약상이 우리 기억에 무수히 남아 있다.

 내가 자주 쓰는 방법은 하고 싶은 일이나 강점을 활용하는 일에 사회적 의의를 부여해 가상의 적을 설정하는 거다. 나는 이것을 잔다르크 전략이라고 부른다. 어째서 사회적 의의가 중요할까? 이유는 두 가지다.

첫째는 사회적으로 의미가 있는 일에는 누구나 실력 이상으로 노력하게 된다. 사리사욕의 파워로만 움직이는 사람도 있지만 사람들 대부분은, 그리고 특히 여자들은 자기만을 위한 일에는 '뭐, 이쯤이면 되지.' 하고 빨리 타협하려 들지 전력질주하지 않는다. 이래서는 성장을 기대할 수 없다. 하지만 남이나 사회에 도움이 된다고 생각하면 한계라고 생각한 시점에서 한 단계 더 나아갈 수 있다. 100퍼센트를 넘어선 한 발자국의 성장을 더 이루는 것이다.

두 번째는 사회에 도움이 될 만한 일에 매진하면 사람들에게 응원을 받기 쉽다. 만약 내가 "사장이 된 이유는 큰 저택을 사고 벤츠를 타고 싶어서다." 라고 말하고 다닌다면(너무나 당연한 말이지만) 아무도 응원해 주지 않을 것이다. 하지만 우리 회사는 아이를 키우는 여성이나 독거노인들이 사회적으로 소외 받는 현실을 조금이라도 개선하고자 결혼, 출산 등의 이유로 회사를 그만둔 여자들이 사회에 복귀할 수 있도록 재택근무 제도를 적극 도입하겠다거나, 싱글 파더로 육아를 양립하는 남성들을 다수 채용한다거나, 육아와 회사 일을 양립할 수 있는 독자 시스템을 구축하겠다고 주장하면 그 비전에 공감하며 응원을 보내는 사람들이 나타나기 쉽다.

이처럼 작은 일이라도 좋으니 사회에 헌신하는 것은 자신을 위해서도 좋다. 극단적으로 말해 조금 위선적인 행동이라고 해도 사회를 위해 뭔가 도움이 되는 일을 찾아서 하는 것은 아무 것도 하지 않고 지켜보는 것보다 좋은 일이다. 훌륭한 생각을 갖고 있어도 실제로는 행동하지 않는 사람보다 얼마나 멋진가? 언젠가 훌륭한 일을 하겠다고 다짐하기보다 지금 할 수 있는 작은 일부터 시작하는 편이 자신에게도 이득이 된다고 믿는 것이 악녀다운 발상이다.

남의 시선을 항상 의식하며 행동하라

비즈니스 세계에서는 실력은 있는데 그다지 평가받지 못하는 사람과 속은 비었는데 왠지 실력 있어 보이는 사람이 흔하게 존재한다. 실력도 출중하고 평가도 그에 걸맞은 사람은 오히려 드물다.

아무튼 전략을 세워 자기만의 시나리오를 짤 때 이는 반드시 주의해야 할 포인트다. 아쉽게도 혼자만을 위한 시나리오로는 노력한 만큼의 결과를 내지 못한다. 목표까지 최단거리로 효율 좋게 도달하려면 주변 반응이나 평가를 개선하려는 노력을 항상 기울여야 한다. 이 때문에 내가 사람들에게 어떻게 인식되고 있는지, 어떻게 평가 받는지를 알아보는 일은 빼놓을 수 없는 과정이다.

남에게 내가 어떻게 보이는지 혹은 보이게 할지를 의식하다 보면 언제나 좋은 얼굴로 호감을 사는 것이 중요하다고 착각하기 쉽다. 하지만 비즈니스 세계의 법칙은 다르다. 예를 들어 입장과 의견이 크게 다른 경우에 반론하지 않는 사람은 평가받지 못한다. 긴자에서 만난 대기업 경영자들이나 자수성가한 사업가들, 남성 중심의 사회에서 맹활약하고 있는 여자들을 봐도 대부분 반론에 강한 타입이다.

단, 여성이라면 반론을 하더라도 상대의 체면을 구기지 않고 능숙하게 대처할 수 있게 훈련되어야 한다. 내 경우에는 반론은 꼭 1대 1로 직접 대면할 기회를 만들어서 한다거나, 반론 뒤에는 "나름의 사정이 있다고 생각해요. 그러니 이 의견은 참고만 해주세요." 하는 식으로 원만한 표현을 곁들여 상대의 생각 정리를 도우려 한다.

결국 내가 남에게 어떻게 보이게 될지를 충분히 고민한 뒤에 행동방식을 정해서 시나리오에 반영하는 게 좋다. 그 정도 준비를 빈틈없이 하는 것이야말로 성공으로 가는 지름길이고 목표 달성에 다가서는 결정적 열쇠다.

영업자의 눈으로 전략을 가다듬어라

전략을 세우는 방법은 대단히 중요하기 때문에 한 가지만 더 어드바이스 하겠다. 그것은 영업자의 시각을 갖는 것이다. 영업직은 절대 싫다고 말하는 사람은 남녀 가리지 않고 많은 편이다. 상품을 파는 데 익숙하지 않고, 모르는 상대와 커뮤니케이션 하는 것을 번거롭게 느껴서인지 모른다. 혹은 좀 더 전문적인 지식이 필요한 일을 하고 싶기 때문일지도 모르겠다. 다양한 이유가 있겠지만 나는 영업은 직장인이라면 반드시 한 번쯤 체험해 봐야 할 종목이라고 생각한다.

영업은 상대와의 인간관계를 구축하고 그의 니즈(needs)를 찾아 거기에 맞는 상품이나 서비스를 적절한 방식으로 제안해서 매력을 느끼게 한 뒤 구매하게 만드는 일이다. 단순히 상품을 팔면 끝나는 일이 아니다. 영업에 필요한 각각의 스킬이 제대로 적용되었을 때야 비로소 '팔았다'는 결과가 나온다. 그렇기 때문에 영업에 진지하게 임하면 많은 스킬을 익히게 된다.

그것만이 아니다. 자신이 올린 성과를 눈으로 확인하기 쉽고 남녀 차가 크지 않다(사실 나는 세간의 생각과는 다르게 여성이 영업에 절대적으로 유리하다고 생각한다)는 메리트도 있다. 사무직은 일을 평가하는 기준이 애매하고 남녀차별도 부정할 수 없다. 하지만 영업은 매출액이 성과 그 자체로 받아들여지는 분야이기 때문에 자신의 유능함을 연출하는 데 서툰 사람들에게 특히 추천하고 싶다.

어떤 직종이든 영업자의 시각을 갖는 것은 큰 도움이 된다. 인간관계나 연애에 있어서도 응용할 부분이 많다. 내가 몇 번이나 결혼하고 프러포즈를 하게 된 것도 어쩌면 영업자적 시각 때문일지 모른다.

전략을 세울 때 반드시 영업자의 시각을 활용해 보라. 어떻게 하면 좋은 인간관계를 만들 수 있을까, 상대는 무엇을 원하고 있을까, 어떻게 제안해야 만족시킬 수 있을까, 적극적인 반응을 끌어낼 수 있는 포인트가 무엇일까, 어떻게 하면 동료가 나를 응원하고 싶어질까… 등등. 영업자의 시각은 전략의 수준을 드높인다. 반드시 익혀야 할 조미료와 같은 비법이다.

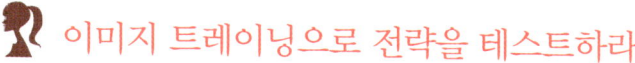 이미지 트레이닝으로 전략을 테스트하라

전략이 완성되면 이미지 트레이닝을 해 본다. 조금은 장난처럼 느껴질지 모르지만 효과를 미리 체감할 수 있다는 점에서 매우 유용하다.

자신이 전략대로 행동하는 상황을 구체적인 이미지로 그려 보면 신기하게도 진짜 해낼 수 있을 것 같은 기분이 든다. 또각또각 울리는 나의 구두 소리, 상관의 상냥한 얼굴, 동료가 하는 말, PC의 따끈한 감촉… 이러다 상대는 어떤 말을 할까, 하는 식으로 이미지를 반복해서 구체화해 보면 수정할 곳이 어딘지도 쉽게 발견할 수 있다.

"그런 바보 같은 짓을 왜 해?" 하고 물을지 모르지만, 나는 매일 다양한 상황에서 이와 같은 이미지 트레이닝을 반복해 실시한다. 예를 들어 신칸센을 타고 출장 갈 때, 지금 타고 있는 것은 비행기라고 상상한다. 그러면 도쿄역은 나리타공항이 되고, 신칸센의 출발은 이륙을 의미한다. 나는 전국 방방곡곡을 오가며 일하고 있지만 사업 영역을 해외로 넓힐 수 있기를 바라기 때문에 이런 식으로 이미지를 만들어서 즐긴다. 그다지 쓸 일은 없지만 여권 갱신도 게을리 하지 않고, 국내 출장에도 여권을 꼭 지니고 다니거나 인터넷을 이용해 비행기 요금도 늘 체크한다.

그밖에도 야구장이나 공연장에서 눈을 감고 많은 사람의 성원과 박수가 마치 나를 향한 것처럼 상상해 '자뻑'에 빠지기도 한다. 또 각종 미팅이나 차를 마실 때 고급 호텔의 로비를 자주 애용하는 편인데, 이것도 출장지에서 내가 고급 호텔에 묵고 있다는 기분을 즐기기 위해서다.

사람의 세포는 다양한 식품으로부터 영양소를 공급 받아 매일 성장하고 몸도 움직일 수 있게 된다. 그와 똑같이 우리의 의식과 마인드도 어떤 자극과 정보를 받아들이느냐에 따라서 아주 달라진다. 이미지 트레이닝은 자신의 잠재의식이나 사고에 커다란 영향을 끼친다. 우선은 '나 따위가 뭘…' 하는 저주스런 편견에서 벗어나 자신감을 높이기 위해서라도 절대적으로 필요하다.

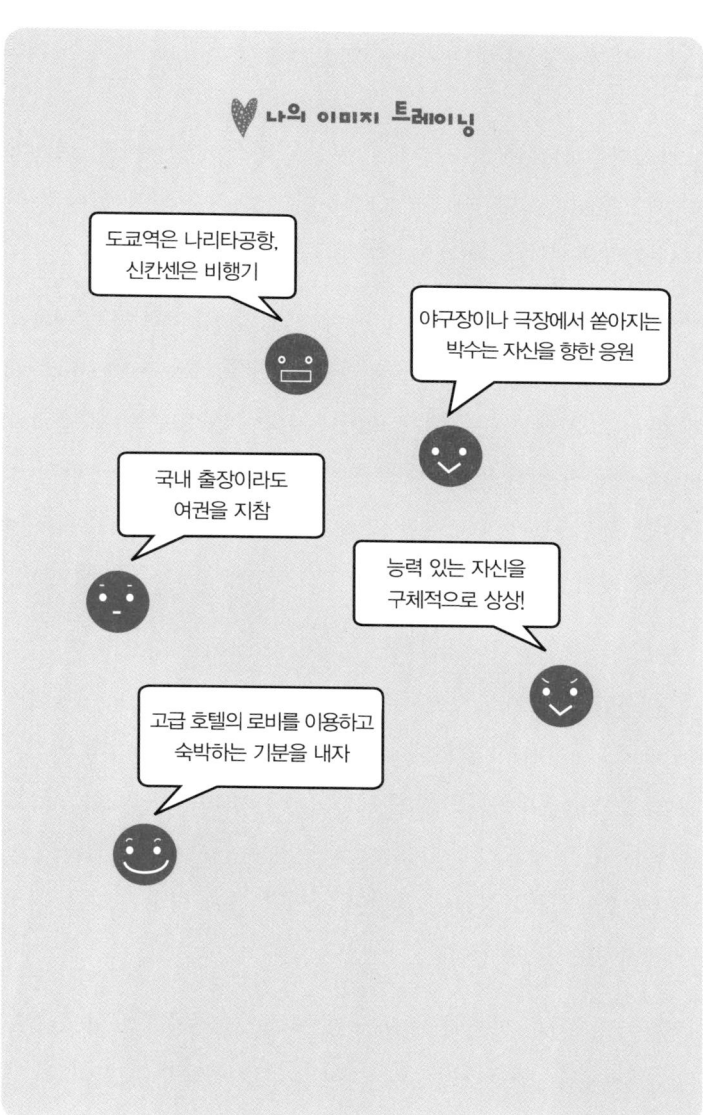

 인생은 언제나 Try & Error

자기다운 목표를 하나 정해서 현실을 확실히 인식하고, 현실에서 목표로 가는 프로세스에 그럴듯한 스토리를 담아 하나의 시나리오로 완성한다. 이것이 전략을 만드는 과정이다.

전략을 어느 정도 정리했으면 남은 것은 실천뿐. 물론 처음부터 아무 트러블 없이 원만하게 진행될 리 없다. 오히려 전혀 예상치 못한 장애가 곳곳에서 일어나는 경우가 일반적이다. 그러나 걱정할 것 없다. 비가 내리면 우산을 쓰고, 넘어지면 다시 일어서면 된다. 세상에는 실제로 해 보지 않고는 알 수 없는 일이 너무나 많다.

당신의 인생을 돌이켜 보라. 성공하기 전에는 반드시 어떤 실패를 경험하고, 재도전이나 개선을 한 끝에야 제대로 진행하게 된 케이스가 무수히 많았을 것이다. 자전거를 탈 수 있게 되기까지 몇 번이나 넘어졌고, 많은 식재료를 버린 뒤에야 맛있는 요리를 만들 수 있게 되었다. 나는 헐리웃의 특수 메이크업과 어깨를 나란히 할 정도로 화장에 자신이 있지만 처음 화장할 때는 낙서를 한 것처럼 엉망이었다.

많은 사람들이 안전과 보장을 지나치게 강조하느라 아무 것도 시작하지 않는 것을 자주 본다. 이는 무척 안타까운 일이다. 당신은 절대 포기하지 마시라. 전략은 혼자 힘으로 해결되지 않을 수도 있다. 그러니 목적을 정하면 곧장 실천해서 실패를 맛본 뒤 문제점을 개선하고 거기가 진정한 출발점이라고 생각하자. 가설을 내고 검증해 가는 사이에 전략을 수정하는 자기만의 비법도 생겨날 것이다.

자, 그럼 이제부터 멋진 악녀로 변신하기 위한 본격적인 비법을 공개하겠다. 부디 중간에 포기하지 말고 끝까지 완주하기를….

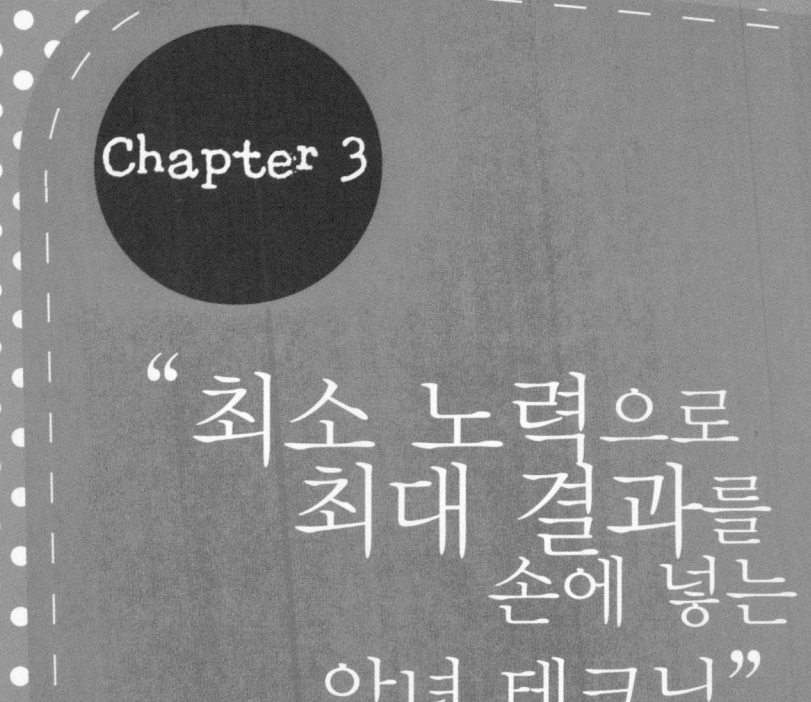

Chapter 3

"최소 노력으로 최대 결과를 손에 넣는 악녀 테크닉"

이 장에서는 악녀 전략을 실천하면서 최소 노력으로 최대 결과를 손에 넣는 구체적인 테크닉을 배워 보자. 큰 줄기에 따라 일의 진행, 커뮤니케이션, 시간 관리, 스피드 공부, 이미지 관리, 멘탈 컨트롤, 인맥 늘리기 편으로 나누어 소개한다.

다채로운 테크닉을 연마해 자연스럽고 능숙하게 구사하는 것이야말로 악녀로 성큼 다가서는 지름길! 악녀학연구소에서도 매일 밤 많은 멤버들이 각자 공부하거나 실천한 것을 들고 와서 새로운 기술과 효과적 응용에 관한 연구를 진행한다. 놀랍게도 악녀다운 발상과 테크닉은 남자들에게도 도움이 될 정도로 훌륭하다. 지금부터 만나 보시라.

일을 눈에 척척 들어오게 진행시키는 방법

01 나만의 문제 해결법을 준비한다

일의 흐름은 언제나 일정하지 않다. 예상 외로 매끄럽게 진행될 때가 있는가 하면 정체되어 앞으로 전혀 나아가지 못할 때도 있다. 눈앞에 놓인 일들 중에 하기 쉬운 것부터 시작하면 남은 일은 점점 하기 싫어진다. 따라서 일을 시작하기 전 일의 진행방향을 진지하게 고민해 봐야 한다. 경험에 의하면 일은 시작 전즌비과정에서 이미 명확한 차이가 생긴다.

중요한 것은 문제에 부딪쳤을 때 해결하는 방법이다. 일을 시작하기 전에 트러블에 대처할 규칙을 미리 정해 놓으면 당황하지 않고 해결할 수 있다. 자기만의 대처법을 준비하는 게 가장 좋지만 여의치 않으면 다른 사람의 문제해결법을 참고해 자기 것으로 발전시켜도 좋다.

나는 경영 전문가 켄 브랜차드가 제창한 '4단계 문제해결법'을 선호한다. 그 내용은 다음과 같다.

STEP 1 우선 문제를 파악한다

나를 당황하게 만든 문제 요인을 분석한다. 문제라고 생각한 이유, 어디가 어떻게 문제인지, 어떤 영향이 있는지를 냉정하게 살펴본다. 그러면 대부분은 그리 어려운 문제가 아니었다고 받아들이게 된다. 여자는 남자에 비해 감정적인 부분에 크게 좌우되기 쉽다.

STEP 2 문제 해결을 위한 가설을 만든다

'이렇게 하면 어떻게든 해결되지 않을까?' 하는 식으로 가설을 몇 가지 만든다. 가설을 입증하기 위한 정보를 수집하는 사이에 문제해결법을 저절로 찾는 경우가 많다.

STEP 3 해결법을 실행한 뒤의 결과를 예측해 본다

결과 예측은 생각보다 간단치 않다. 가설을 준비할 때 주변 반응이나 수용자의 입장 등을 예상해 보는 것으로 충분하다.

STEP 4 전체 그림을 보면서 최종 방법을 결정한다

입안된 가설 중에 가장 좋다고 판단되는 것을 한 가지 정해서 실행한다. 나는 몇 가지 가설을 동시다발적으로 실행하는 경우도 있다. 그러면 대부분의 문제를 해결할 수 있다.

이렇게 문제 해결법을 준비해 두면 트러블에 부딪쳤을 때 심리적으로 여유가 생기고, 처음부터 리스크에 대한 부담이 줄어든다. 해결법도 가능하면 많을수록 좋다.

02 무슨 일이든 전력 스타트!

거듭 강조하고 싶은 것은 첫 시작이다. 무슨 일을 하든 정상궤도에 도달하기까지가 가장 힘들다.

예전에 어느 회사의 신규사업 컨설팅과 관련해 업무 협력을 한 적이 있다. 해당 업무를 진행해 본 사람은 잘 알겠지만, 신규사업 컨설팅은 '맨땅에 헤딩'하는 것과 마찬가지다. 완전히 백지 상태에서 시작하기 때문에 매번 산 넘어 산이다. 담당자는 대부분 사업에 대해서 잘 모르고, 전례가 없는 사업인 경우가 많다. 나도 그때는 매일 밤샘에 숨 쉴 틈 없는 하루하루를 보냈다.

물론 그 회사로부터는 '이 정도 매출을 내면 합격'이라는 도달 가능한 목표를 제시받았다. 그런데 왜 그렇게 열심히 했을까? 나는 일단 할 수 있는 업무 최대치를 설정하고 '회사의 목표치는 내 기준의 80퍼센트에 불과하다! 100퍼센트를 채우면 내 가치는 훨씬 높이 뛰어오른다.' 생각하며 조금은 망상 섞인 시나리오를 짰다.

새 일을 할 때는 가장 어려운 출발 시점에 마치 폭풍이 불어 닥치는 것처럼 모티베이션(motivation : 동기)을 극대화할 수 있는 자기암시를 걸어야 한다. 시간도 에너지도 집중적으로 투입하자. 이런 노력은 오래 지속하기는 어렵지만 필요한 시점에 임팩트 있게 활용하면 이후의 일은 톱니바퀴가 제대로 맞물린 것처럼 원만하게 흘러간다. 그것이 일의 속성이다.

새로운 일, 익숙하지 않은 일, 중요한 일일수록 빨리 시작하고, 모든 힘과 의욕을 집중시켜라.

❸ 유쾌와 불쾌 코드로 푸는 홀로 마인드 컨트롤

누구나 좋아하는 일과 싫어하는 일이 있다. 성실한 사람은 싫은 일까지 좋아하려고 노력하지만 괜한 스트레스를 불러일으키기 때문에 그다지 효율적이지 않다.

나는 싫은 일을 제대로 하지 못하는 나를 '꼴불견=불쾌'로, 하고 싶은 일을 하는 나를 '멋지다=유쾌'로 설정하는 상상력 놀이를 한다. 이것은 오래 전부터 무수히 많은 자기계발서에서 언급해 온 내용인데, 실천해 보면 의외로 도움이 되고 다양한 상황에 응용할 수 있다. 나는 이것을 유쾌와 불쾌 코드로 푸는 '홀로 마인드 컨트롤'이라고 부른다.

친구 중에 아이가 있다고는 도저히 믿기지 않는, 퍼펙트한 바디를 가진 몸짱이 있다. 그녀는 맛있는 것은 '먹을 수 없다=불쾌'로, 먹고 마시는 자신은 '꼴불견=불쾌'로 설정해 출산 후 다이어트에 성공했다. 나는 요즘 '아침 일찍 이불에서 나오기가 싫다=불쾌', '아침 일찍 일어나지 않는 자신은 매우 한심하다=불쾌'로 재정의해 아침형 인간이 되려고 노력하고 있다.

사람은 불쾌한 것을 멀리하고 유쾌한 것을 가까이 하려는 습성이 있다. 따라서 '이렇게 하는 편이 좋다.'는 것으로는 도무지 의욕이 생기지 않던 일도 '불쾌'라든가 '싫다'는 감정으로 바꾸면 문제가 해결되고, 자연히 자기 행동을 유쾌한 쪽으로 바꾸려고 노력하게 된다.

지극히 흔한 마인드 컨트롤 방법이지만 남이 시키는 것이 아니라 스스로 컨트롤하는 것이기 때문에 적극적으로 활용할 가치가 있다. 이 방법은 육아에도 상당히 도움이 된다.

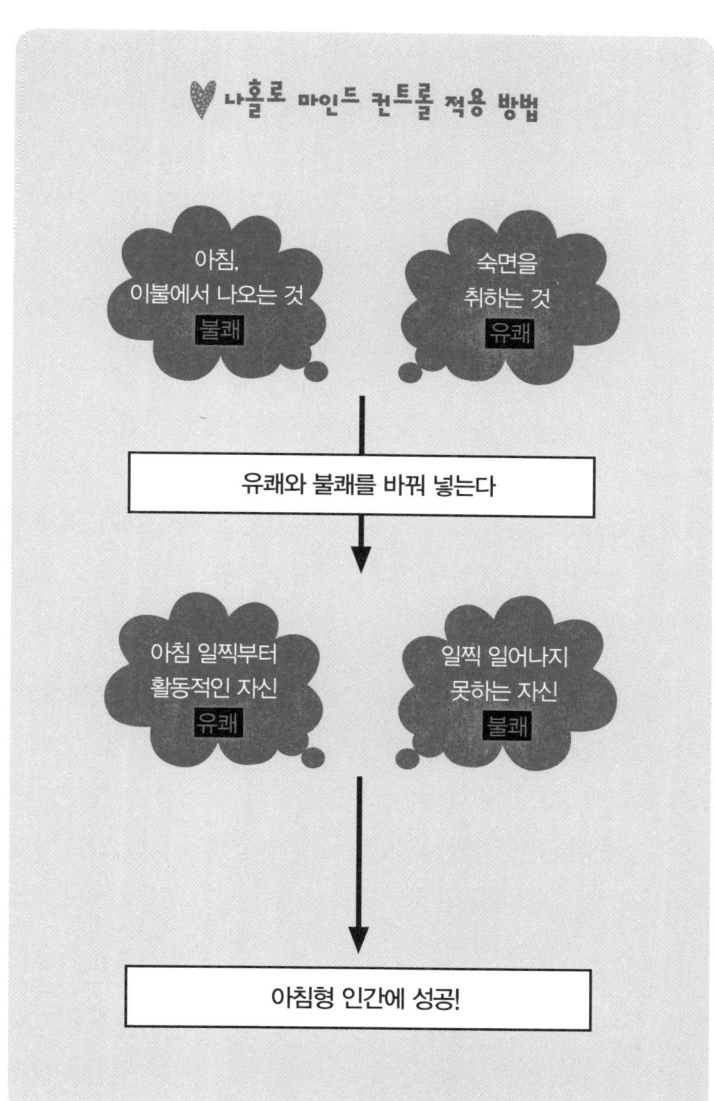

04 남성사회에서 손 안 대고 코 푸는 도움받기 작전

비즈니스는 몇몇 예외적인 상황을 빼면 기본적으로 남자들의 세계다. 여자들은 이 남성사회를 자연스럽게 헤쳐 나갈 요령이 없으면 살아남지 못한다. 그것을 위한 테크닉 중 하나가 일명 '도움받기 작전'이다. 비즈니스의 기본은 give & take! 그러나 남성사회에서 살아남기 위해서는 좀 더 현명하게, 적절히 남자의 힘을 빌리는 것이 효과적이다.

기본적으로 남자는 체면을 중시하고 여자에게 무언가 베푸는 존재로 남는 것을 지극히 좋아한다. 여자에게 무언가 받으면 감정적으로 반발하는 남자들이 의외로 많다. 따라서 여자 쪽에서 뭔가를 해 줘야 할 경우에도 마치 아무 일 아니라는 식으로 행동하는 자세가 필요하다.

그보다 더 좋은 방법은 우선은 무언가 도움을 받고(은혜를 입고) 그 답례라는 듯 대처하면 일 처리가 원만해진다. "○○ 씨는 A와 관련해 프로라고 들었어요. 꼭 가르쳐 주면 좋겠어요.", "전 이 분야에 대해서는 자신이 없어서 꼭 ○△ 씨의 힘을 빌리고 싶어요." 이런 말로 도움 받을 기회를 만드는 것이 출발점이다.

상대는 상관이든 동료든 후배든 상관없다. 남자면 된다. 세심한 남자의 마음을 쓸데없이 자극하지 않기 위해, 또는 원만한 인간관계 형성을 위해서라도 남성사회에 여자가 끼어들 때는 'give &

take'가 아니라, 'borrow & take'가 득이 된다는 사실을 꼭 기억하라.

05 질투를 무마시키는 노력 비추기 작전

 능력이 많고 어떤 일에든 적극적인 사람은 무의식중에 자기 실적이나 실력을 어필하는 성향이 있다. 그러면 특별히 자만심이 있어서도 아닌데 주변으로부터 반감을 사기 십상이다.

 나는 동료로부터 "대단해."라거나 "자네 꽤 실력 있는데…." 같은 말을 듣는 것은 일종의 경고 사인이라고 본다. 왜냐면 그런 말에는 기본적으로 반감이나 질투가 섞여 있기 때문이다. 주목받고 있다는 사실은 어떤 의미로든 좋지 않다. 이럴 땐 노력 비추기 작전이 반드시 필요하다.

 물 밑에서 다리를 동동 구르며 균형을 유지하려 애쓰는 백조가 겉으로는 우아한 모습을 잃지 않듯 노력을 굳이 알리지 않는 게 미덕이라고 생각할지 모른다. 그러나 지금처럼 경고불이 들어오면 오히려 노력하는 모습을 강조해야 한다. 달리거나 말 그대로 땀범벅이 되거나, 때로는 악전고투하는 모습을 연출하는 것이 좋다. '저 정도로 열심히 하니까 결과를 내는구나.' 남들이 이렇게 생각하도록 만들어야 한다.

악녀의 업무 테크닉에 스마트한 방법론만 있는 것은 아니다. 원하는 결과를 내기 위해서는 때로 보기 안쓰러울 정도로 망가지거나 귀여운 일면을 노출시키는 것도 중요한 테크닉이다. 성과를 올려도 반감을 사지 않고 오히려 응원 받는 캐릭터를 구축하는 건 조직생활에서 적잖은 무기가 된다. 특히나 자기 포지션이 명확하지 않은 시기에 적극 추천하고 싶은 작전이다.

'조금씩 제 편이 늘어나고 점점 실력을 발휘해 간다. 처음에는 매우 서툴렀는데 어느 틈엔가 누구보다 확실하게 일을 처리하고, 정확한 의견을 말한다.' 이런 평가들이 모여 "의외로 실력 있네." 하는 말이 자연스럽게 샘솟게 만드는 것이 바로 악녀적인 방법론이다.

06 사내에 적을 없애는 '~덕분에' 작전

일본에는 "사내가 집을 나서면 7명의 적을 만난다."는 옛말이 있다. 현대사회에서는 일하는 여자들에게 이 말이 잘 어울리는 것 같다. "직장여성, 사회에 나가면 7명의 적을 만난다."

일할 때 적이 어디에 있는지는 좀처럼 알 수 없다. 겉으로는 서포터인 척하면서 속으로는 언제라도 다리를 걸어 넘어뜨리려는 속셈을 감춘 사람이 적잖다. 가장 큰 문제는 일일이 그런 적을 찾고 있을 여유가 없다는 것이다. 따라서 상대가 확실하게 본

색을 드러내기 전에는 적군과 아군을 나누어 행동하는 짓은 결코 하면 안 된다.

가장 악녀다운 대응책은 사전예방에 최선을 다하는 것이다. 평소에 상대에게 기분 좋게 공로를 넘겨준다던지 해서 나를 응원하는 편이 그들에게도 이득이 되는 것 같은 분위기를 만든다. 유치하지만 그렇게 하면 잠재적인 적을 줄일 수 있다. 나는 이것을 '~덕분에 작전'이라고 부른다.

예를 들어 교섭이 거의 끝나 계약서만 교환하면 되는 안건에 "오늘은 중요한 마무리 단계이므로 ○○ 부장님께서 동행하셨으면 합니다." 하고 부탁해 본다. 예상대로 계약이 체결되면 "부장님 덕분에 계약에 성공했습니다. 저는 의욕만 앞서지 경험이 부족해서 걱정했는데 부장님 같은 베테랑이 동행해 주셔서 안심했습니다. 진심으로 감사합니다." 하며 겸손하게 인사한다. 사내 보고서에도 '마무리가 조금 불안했는데 부장이 동행해 계약을 무사히 마쳤다.'고 한 줄 첨가한다. 어차피 진짜 공로가 누구에게 있는가는 모두 알고 있다. 하지만 부장에게 적극적으로 고마움을 표하고 보고서에도 어필하는 행동을 보이면 사내에 '저 녀석과 친해지면 득이 많다.'는 분위기가 만들어진다. 같은 편(처럼 행동해 주는 사람)이 단숨에 늘어나 일하기도 한결 수월해질 것이다. 조금 계산적인 행동이긴 하지만 누구도 상처입지 않고 오히려 모두가 득을 보았으니, 참으로 훌륭한 연출 아닌가.

일을 시작하는 단계부터 내 편을 만들기 위해 신경 쓸 필요는 없다. 철저하게 준비해서 일을 진행하고, 마지막 한 단계를 남긴 상황에서 누군가의 도움을 바란다는 식으로 행동해야 한다. 그래야 실질적인 공로가 내것이 된다.

'~덕분에'라는 말에는 신기한 힘이 있다. 요령을 부릴 것 같은 자신을 다잡아 준다거나 평범한 일상에 감사한 마음을 갖게 한다. 또 이 말은 너무 많이 한다고 비난받을 일도 없으니 아낌없이 하시라.

07 직접 찾는 것보다 빠르고 편리한 프로페셔널 리스트

정보와 지식의 양은 결과를 가른다. 그러나 요즘의 비즈니스 환경은 인터넷 등을 이용해 정보를 모으는 일이 그리 어렵지 않다. 이런 상황에선 해답에 도달하는 속도와 정확도가 승부를 좌우한다. 요구 받은 일을 '누구보다 빠르고 정확하게 알아보고 해답을 가져갈 수 있느냐?'가 관건이다.

악녀 된 입장에서 가장 추천하는 방법은 전문가에게 바로 확인하는 것이다. 그러기 위해서는 평소 전문가 그룹과의 교류에 만전을 다해야 한다. 의식하고 살면 그리 어려운 일도 아니다. 단, 전문가에게 하나부터 열까지 시시콜콜 묻고 가르쳐 달라고 하는 자세는 절대 금물이다.

"이런 식으로 조사해 보았는데, 틀린 부분은 없나요?"

"여기까지는 어떻게든 이해했는데, 다음을 도저히 모르겠어요."

이처럼 자신이 할 수 있는 만큼 최선을 다해 알아본 뒤에 가르침을 얻는 것이 기본적인 예의다. 전문가의 지혜나 어드바이스는 결코 값싸게 얻을 수 없다. 덧붙여 복잡한 일, 신중을 요하는 일은 가능하면 여러 명의 의견을 듣는 게 좋다. 각각의 대답을 비교해 보면 문제의 핵심을 좀 더 깊숙이 이해하게 된다.

전문가 그룹과 교류하려면 우선 그들에게 어떤 도움을 줄 수 있을지 고민해야 한다. 상대에게 공헌할 일을 생각해 두면 '이 사람은 이 분야에 강하지만 다른 면은 약하니까 내가 채워줄 수 있을 거야.' 하는 동료애를 만들 수 있어 일석이조다. 의외의 인물이 의외의 전문 분야를 잘 알고 있다는 사실을 발견하면 분위기도 대단히 유쾌해진다.

각종 모임에선 지인과 지인을 적극적으로 소개하라. 소개할 때 "이 분은 ○○ 분야에 굉장히 전문적이세요." 하는 칭찬을 섞는다. 이는 상대를 기쁘게 할 뿐 아니라 스스로도 그의 장점을 재확인하는 기회가 된다. 그러면 무언가 알고 싶은 테마가 있을 때 '이건 A씨에게 물어 봐야지.' 하고 즉각 떠올리게 된다.

추가로 많은 문헌과 자료가 있는 도서관을 이용하는 것도 좋다. 도서관의 강점을 모르는 사람이 의외로 많다. 하지만 규모가 큰 도서관 사서와 상담해 보면 대개 원하는 정보를 쉽게 발견할 수 있고, 국내외 미디어의 기사 데이터도 바로 찾을 수 있어 도움이 크다.

08 쓸데없는 행동을 걸러내는 행동정리 강화 계획

행동 정리가 안 되는 사람은 아침 일찍부터 늦은 밤까지 정신없이 뛰어다니기만 하는 것 같은 인상을 준다. 때와 장소에 따라서는 이런 모습도 악녀 테크닉의 하나(예를 들어 노력 비추기 작전)로 활용할 수 있지만, 악녀는 기본적으로 행동의 정리정돈에 능한 사람이다.

나는 오래 전에 '고민할 틈이 있으면 일단 시작하고 보자.'는 것을 미덕으로 여겼다. 하지만 지금은 한정된 시간에 성과를 올리고 업무 효율을 높이기 위해서 '우선 작전을 세우고 무의미함을 줄인다.'는 방법론을 적극 활용하고 있다.

- 단순히 즐기기 위한 술자리
- 필요 이상으로 긴 시간을 소비하는 회의
- 장난에 가까운 브레인스토밍(brainstorming)
- 도장 찍기에 불과한 거래처 방문
- 방법을 정하지 않고 무작정 시작하는 일

잠깐 생각해도 정리정돈이 불가능한 행동들을 위와 같이 떠올릴 수 있다. 이런 행동 패턴은 우리 스케줄 안에 늘 꽈리를 틀고 있어서 귀중한 시간을 좀먹고 다른 일정에 악영향을 미친다. 만약 이런 일로 고민을 하고 있다면 즉시 '행동정리 강화 계획'을 실시해 보라.

이 방법은 주말마다 지난 1주일을 돌아보며 시간을 무분별하게 쓰지 않았는지 체크해 보는 것이다. 누구나 특별히 문제 있는 행동(용건, 상대 등)은 반복해서 나타나기 마련이므로 사전에 방어책을 마련할 수 있다. 물론 이런 행동에는 늘 상대가 존재하기 때문에 나도 아직까지 철저히 적용하지 못하고 있다. 하지만 마음을 다잡고 실수를 조금이라도 줄일 수 있다는 점에서 알아두면 좋은 방법이다.

09 사소한 일에도 지혜롭게 수고하기

아무리 단순한 일이라도 비즈니스 센스나 창의력을 발휘할 여지는 얼마든지 있다고 믿게 된 계기가 있다. 어느 날 회사 근처로 점심식사를 하러 나갔다가 젊은 남자가 전단지를 뿌리는 것을 보았다. 안경점 전단지였는데, 무심코 손을 뻗어 받으려는 순간 전단지가 내 손에서 미끄러져 바닥으로 떨어졌다. 기계처럼 바쁘게 손만 놀리니 상대의 움직임을 보지 않아 생긴 실수였다.

우아한 악녀로 살면서도 이런 상황에 "우어어어어~" 하며 우스꽝스러운 리액션을 한 나는 그 남자가 전단지를 정중하게 다시 주기를 바랐다. 내가 그 전단지에 집착한 건 안경 수집증이 있기 때문이다. 평소에는 콘택트렌즈를 껴서 안경 쓸 일이 거의 없지만 안경을 자꾸 사들여 내 집은 물론이고 전남편 집에까지 보관을 부탁할 정도로 못 말리는 안경 콜렉터다.

그런 생각을 하는 와중에 어느 유명한 커피 체인점 사장의 일화가 떠올랐다. 이를테면 전단지 마케팅 성공사례다.

I 가게 앞에서 전단지를 나누어 준다.
II 고객이 전단지를 본 순간은 가게를 이미 지나친 후다.
III 고객이 걷는 속도를 고려해 가게보다 조금 앞쪽에 서서 전단지를 나누어 준다.
IV 방문고객 수가 극적으로 상승했다!

예전에 나는 모터쇼나 게임쇼 등 전시회에서 아르바이트로 내레이터 모델 일을 했다. 그때 S씨라는 유명한 이벤트 컴패니언걸을 알게 되었다. 이벤트 컴패니언걸의 업무는 내빈 안내나 접대는 물론이고 고객들에게 설문조사를 부탁하거나 전단지를 나누어 주고 제품 옆에 서서 미소 짓고 있는 등 단순작업이 많았는데 S씨는 일 처리 하나하나가 말끔하고 설문지 회수율도 아주 높았다. 당시 이런 일의 하루 일당은 1만 엔 정도였지만 클라이언트로부터 특별히 지명 받아 참석한 그녀는 동료들보다 몇 배나 많은 급여를 챙겼다.

나는 그때 머리를 밝은 갈색으로 염색한 상태였는데, 그녀로부터 머리를 검게 염색하면 좋겠다는 어드바이스를 듣고 무척 자존심이 상했다. 마치 나의 패션 센스나 용모를 비난하는 것처럼 느꼈던 것 같다. 누군가에게 자기 방식을 부정당하거나 이전과는 다른 방식으로 바꾸기를 종용받는 것은 정신적으로 큰 저항이 생긴다.

나는 오랫동안 그녀를 잊고 있다가 좀처럼 오디션에 발탁되지 않던 시기에 무심코 머리를 검은색으로 바꿨다. 그러자 명문가가 참석하는 대단히 중요한 행사에 기용되거나 유명가수의 기자회견장에 발탁되는 등 이전과는 다른 세계의 일들이 들어왔다. 갑작스런 변화에 나도 무척 놀랐다. 단순히 머리색을 바꿨을 뿐인데 말이다. 지금 생각하면 당시 업계에서는 염색을 하지 않은 사람이 매우 적었기 때문에 검은색 머리만으로도 남들과 다른 존재감을 얻었던 것 같다. 그런 사실을 무의식적으로 캐치해 낸 S씨는 역시 대단한 감각의 소유자였다.

아이디어를 짜내 플러스알파의 가치를 만든 S씨와의 만남은 내 삶에 좋은 힌트를 던졌다. 능력 있는 사람은 지극히 자연스럽게 그런 것을 생각하고 방법을 찾아 실천한다는 사실! 아무리 시시한 일을 하고 있어도 지혜를 발휘해 자기만의 생존전략을 만드는 자세가 중요하다. 처음에는 어려워도 금세 요령이 붙을 것이다.

🔟 내 편을 늘리는 급식 작전

다음은 직장 동료들의 뱃속을 만족시켜 위기의 순간마다 내 편이 되어줄 세력을 늘리는 데 성공한 악녀학연구소 R씨의 사례다.

- 잔업 중 슬슬 혈당치가 내려갈 시점에 아무렇지 않은 듯 '미소 & 도너츠' 쏘기
- 경비절감 차원으로 쌀쌀해진 사무실에 '미소 & (따끈한) 고기만두' 쏘기
- 오후 간식으로 과자 쏘기 (생일 케이크, 아이들에게 보내는 발렌타인 초콜릿 등 포함)

악녀답게 표현하면 이름 하여 '급식 작전'이다. 내가 자주 활용하는 방법은 책상에 목캔디나 초콜릿 등을 준비해 두고 조금 텐션이 떨어진 사람이 보이면 목캔디를, 잔업으로 지쳐 있는 사람에게는 초콜릿을 아무렇지 않게 건네는 거다.

사람은 단것을 먹으면 뇌가 행복감을 느낀다고 한다. 개인적으로 나를 싫어했던 사람이 단 과자를 함께 먹으면서 잠시라도 착각에 빠지면 그걸로 충분히 성공이다. 실제로 평소 덜렁대는(좋

게 말하면 호쾌한) 성격인 내가 그런 행동을 하니 '의외로 정이 있는 사람'이라는 평판이 돌아왔다.

그러고 보니 어제 피곤한 와중에 악녀연구소의 Y씨가 영양 드링크를 돌렸다. 급식 작전을 확실하게 숙지하고 있는 나에게도 그 순간은 감동이었다. 역시 이 작전은 매우 강력하다.

단, 너무 자주 실행하면 효과가 줄어든다. 가급적이면 부정기적으로 템포를 주는 것이 좋다. 뒤에 설명할 '선물 작전'에도 적용되는 주의사항인데, 이런 행동을 정기적으로 하면 누구도 고마워하지 않는다. 가급적이면 행동은 랜덤하게, 눈치를 살펴서 진행한다. 그것이 악녀다운 방식이다.

11 최대치의 평가를 끌어내는 기대치 컨트롤

나는 회사에서 이따금씩 차를 타서 동료들에게 돌린다. 그때마다 "앗! 후지타 씨가 차를 타 주다니, 오늘 눈이라도 내리는 거 아냐?" 라든지 "이거 뭐야? 오늘 뭐 부탁할 일 있나?" 라며 놀리는 사람들이 있다. 하지만 말과는 달리 몹시 즐거운 표정들이다.

나는 기업 연수회나 대학의 오픈 칼리지 등에서 교섭술을 가르치고 있다. 위의 사례를 통해 독자들에게 유용한 교섭 테크닉 중 하나인 '기대치 컨트롤'을 설명해 보겠다.

본디 기대치가 높은 사람은 상대가 무슨 일을 해 주어도 대부분 당연하게 받아들인다. 예를 들어 새 차를 살 때 '당연히 30만 엔쯤은 깎아 주겠지.' 기대했다가 10만 엔을 깎아 주면 기쁘지 않은 것과 같다. 오히려 "겨우 10만 엔만 깎아 준다고?" 하며 불평할 것이다. 그런데 만약 백화점에서 쇼핑을 하던 중이라면 어떨까? 가격 흥정을 할 수 있다는 기대가 전혀 없는 곳에서 "오늘은 10퍼센트 세일입니다." 라는 말을 듣기라도 하면 엄청 감동받게 된다.

10만 엔 할인과 10퍼센트 세일이 중요한 게 아니라, 이런 사실을 통해 사람마다 기대치에 따라 사뭇 다른 반응을 보인다는 것을 알 수 있다. 내가 차를 대접한 일 정도로 사내 분위기가 달라지는 걸 보면 평소에 차를 내올 만한 캐릭터가 아니었다(기대치가 낮다)는 얘기다. 만약 언제나 차를 내오는 총무부 여직원이라면 지극히 당연하게 받아들여졌을 것이다.

일을 할 때 사람의 심리나 '기대치 컨트롤'을 의식하고 행동하면 매우 효과적이다. 예를 들어 한창 바쁠 때 누군가 일을 부탁해 오면 "수요일까지 어떻게든 할게요." 라고 말하고 화요일에 제출한다던지, "이것은 어려운 일이군요." 하고 말한 뒤 추가 자료를 모아서 바로 전달하는 경우가 좋은 사례다.

미리 기대치를 내려두면 그것을 올리기는 생각보다 간단하다.

이 테크닉은 연애에서도 매우 효과적이다. 평소에 악녀 캐릭터를 잘 심어 놓으면 가끔씩 비치는 상냥함은 스커드미사일처럼 강력한 파괴력을 갖는다. 일도 연애도 '기대치 컨트롤'을 이용하면 항상 원활하게 풀어갈 수 있다는 사실을 기억하라.

상대가 따라오게 만드는 커뮤니케이션 기술

⑫ 단어 하나만 바꿔도 놀랍게 달라지는 비즈니스 화법

일은 대부분 담당자와의 커뮤니케이션을 통해 진행된다. 이것이 제대로 이루어지지 않으면 오해나 부조화가 일어나 돌이킬 수 없는 트러블로 발전한다.

나는 일할 때 언제나 담당자와의 커뮤니케이션을 원활하게 진행하기 위해 애쓴다. 비즈니스에 있어서 가장 중요한 커뮤니케이션 비법은 무엇일까?

우선 말씨를 조심해야 한다. 비즈니스 세계에선 경어를 쓰는 게 원칙이다. 동료나 후배와의 대화라고 해도 '친한 사이일수록 예의를 지키라.'는 경언을 따르는 게 좋다. 그런 말씨에 자신의 의욕을 은근슬쩍 스마트하게 담아 보내는 것이 악녀다운 방식이다.

나는 언제부터인가 생각이나 말을 툭 내뱉지 않고 비즈니스에 어울리는 말투나 내용으로 바꿔서 전달하려고 노력하고 있다. 비즈니스맨으로 최전선에 서 있다 보면 자연스레 몸에 배는 태도지만, 결혼이나 출산으로 한 번 직장을 떠났다가 복귀한 여직원이나 아직 풋풋함이 남아 있는 사회 초년생들은 특별히 신경 쓸 대목이다. 별것 아닌 말솜씨에 자신의 능력이 높아지기도 혹은 낮아지기도 한다. 반대로 말 한마디가 상대를 기쁘게 일하게 만들거나 반대로 의욕을 꺾어 버리기도 한다.

이런 비즈니스 말하기로 가장 유용한 방법은 접속사를 강화하는 것이다.

예를 들어 내 앞에 갑자기 급한 일이 떨어졌다고 상상해 보라. 기한 내에 도저히 끝낼 수 없어 보이는 일을 무리해서 부탁해 온 상황이다. "그래도 그렇게 짧은 기간에 완성할 수는 없습니다. 이 수량은 도저히 무리예요." 목구멍까지 차오르는 말을 어떻게 바꿔서 전달하면 좋을까?

일단, '그래도~'라는 단어는 그 내막을 굳이 몰라도 상대에게 부정적인 이미지를 전달하기 때문에 꼭 쓰지 말아야 할 단어 1등급에 속한다. 당황스러운가? 익숙해지면 간단하다. '그래도'는 '그렇기는 하지만'으로, '그렇지만'은 '그렇다 하더라도'로 바꿔서 기억하라.

같은 요령으로 이유를 설명할 때 쓰는 '하지만'은 '왜냐하면'으로, 화제를 바꿀 때는 '그래서'가 아니라 '그렇다고 하셔도' 라고 돌려서 표현을 순화한다. '딸기인가 메론인가'보다는 '딸기 혹은 메론'이라고 말하는 편이 낫다. 아주 조금만 신경 쓰면 상대에게 비즈니스를 하고 있다는 정중한 느낌을 주고, 나름의 분위기도 만들 수 있다.

또, 비즈니스 사전에는 '못 합니다.', '모릅니다.' 라는 말은 없다.

못 한다는 말 대신에 어떻게 표현하면 좋을까? '이 기간에 끝내려면 완성도가 떨어질 수 있습니다.', '사정은 이해합니다만 이 물량은 상당한 규모라서 제작과정을 재검토할 시간이 필요합니다.', '가능하면 다른 방법을 제시해 주실 수 없습니까?' 등으로 상황에 맞게 구체적으로 바꿔 주면 된다.

투정부리는 표현이나 의욕 없는 반응은 직접 대화하든 메일을 보내든 비즈니스맨으로서의 신뢰를 무너뜨린다. 말하기 태도는 무의식으로 자신의 업무 동기화와 의식에까지도 영향을 미친다. 비즈니스를 할 때는 마치 외국어를 쓰듯 해당 업무에 어울리는 형태로 바꿔 말하는 습관을 기르는 것이 중요하다.

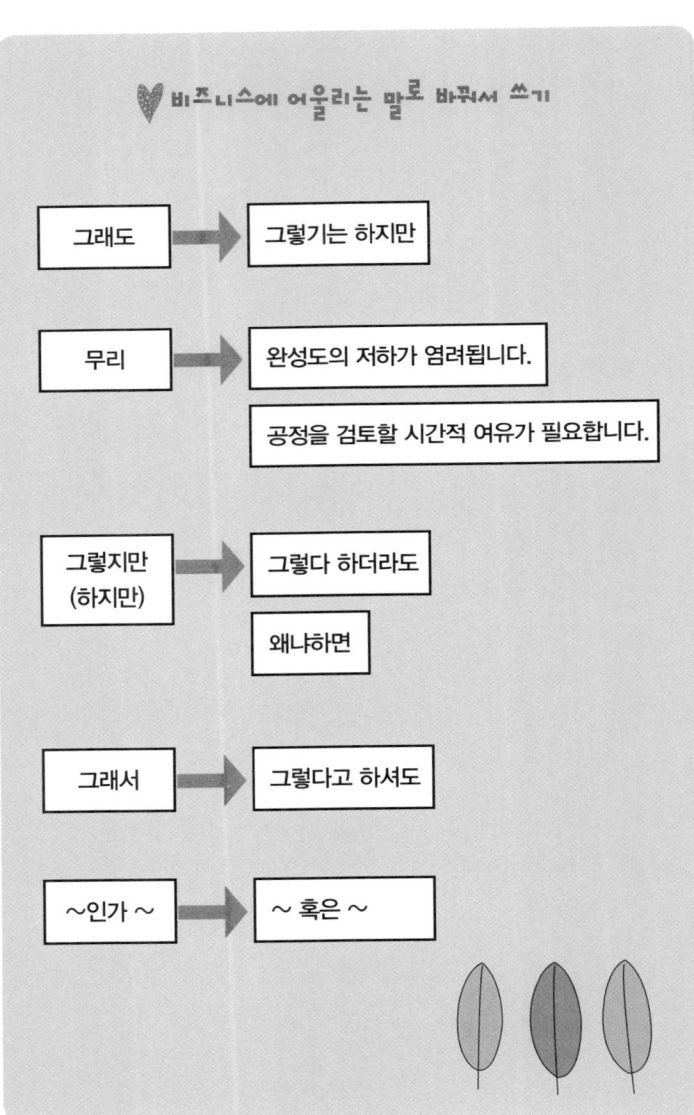

⓭ 3포인트 화법과 로직 트리로 논리적인 말하기

여성은 일반적으로 논리적인 말하기에 서툴다는 편견이 있다. 그래서 여자들이 사회생활에서 메시지를 논리적으로 전달할 수 있다는 능력을 입증해 보이면 예상 외로 높게 평가받기도 한다.

해야 할 말을 논리적으로 정리하는 것은 그리 어렵지 않다. 존경하는 전문 컨설턴트의 가르침에 따르면, '오늘 전하고 싶은 내용이 3가지 있습니다.', '이유가 3개 있습니다.' 하는 식으로 시작에 앞서 상대에게 구체적인 이야기 줄기를 제시하는 것만으로도 충분히 논리적인 근거가 생긴다.

이 이야기를 들은 뒤 나는 '3포인트 어법'의 추종자로 거듭나 포교에 열성적이다. 듣는 상대가 이야기의 전체 프레임을 처음부터 알고 있으면 스스로 들을 준비를 할 수 있고, 말하는 사람도 사고의 흐름을 바로 잡을 수 있다.

3포인트의 1단계는 사전에 무슨 말을 할지 스스로 정리해 두어야 해서 부담스러울수도 있지만 2단계와 3단계는 말하면서 생각해내는 것도 가능하다. 특정 주제에 관해 3가지 화제를 만드는 것은 누구나 쉽게 할 수 있다. 도중에 4단계, 5단계 화제가 떠오르면 "덧붙여서 두 가지 사례를 더 설명하자면…" 하고 의사를 표시한 뒤 말을 이어가도 아무런 문제가 없다.

말하는 내용은 전체 덩어리만 정리해서 풀고 사족은 일절 덧붙이지 않는 것이 중요하다. 나는 로직 트리(logic tree) 방법을 활용하고 있다. 로직 트리는 사물을 논리적으로 정리할 때 편리한데, 나는 HOW TREE(방법이나 대응법에 관해서), WHY TREE(이유나 원인에 관해서), WHAT TREE(대상이나 테마에 관해서)라는 나무 세 그루를 상상해 각자 가진 주제가 서로 뒤섞이지 않도록 정리해서 말한다.

예를 들어 내가 제안한 어떤 프로젝트에 대해 상대가 반대의견을 냈다고 가정해 보라. 이때 반대사유가 '내가 왜 그걸 OK해야 하는지 모르겠다.'는 정도라면 주저할 것 없이 HOW TREE를 이용해 설득한다. 이처럼 질문이나 반론이 날아올 때 우선은 '어떤 트리를 사용할까?' 하고 생각하는 버릇을 들이는 게 중요하다.

주부들 사이에 오가는 잡담이나 카페에서 직장인 여성들이 격 없이 나누는 대화라면 WHY, HOW, WHAT 나무가 서로 간섭하며 이리 뭉치고 저리 뭉쳐도 문제가 없다. WHY에 관한 이야기를 하다 어느 틈엔가 HOW로 넘어가고 그것이 급히 WHAT으로 전환되는 일도 종종 있다. 마음이 통하는 친구 사이라면 이렇듯 종잡을 수 없는 대화는 새로운 재미를 낳기도 한다. 그러나 비즈니스 세계에서는 '무슨 말을 하는지 알 수 없는 사람=능력 없는 사람'이라고 저평가 받기 쉽다. 비즈니스의 효율성을 생각하면, 그도 어쩔 수 없다.

WHY, HOW, WHAT으로 정리해서 순서대로 이야기하면 아무리 길고 복잡하게 말해도 상대가 이해하기 쉽다. 여러분도 반드시 WHY, HOW, WHAT으로 주제를 철저히 나눠서 대화하는 습관을 들이기를 바란다. 이것만으로도 무척 논리적인 사람이라는 인상을 주게 될 것이다.

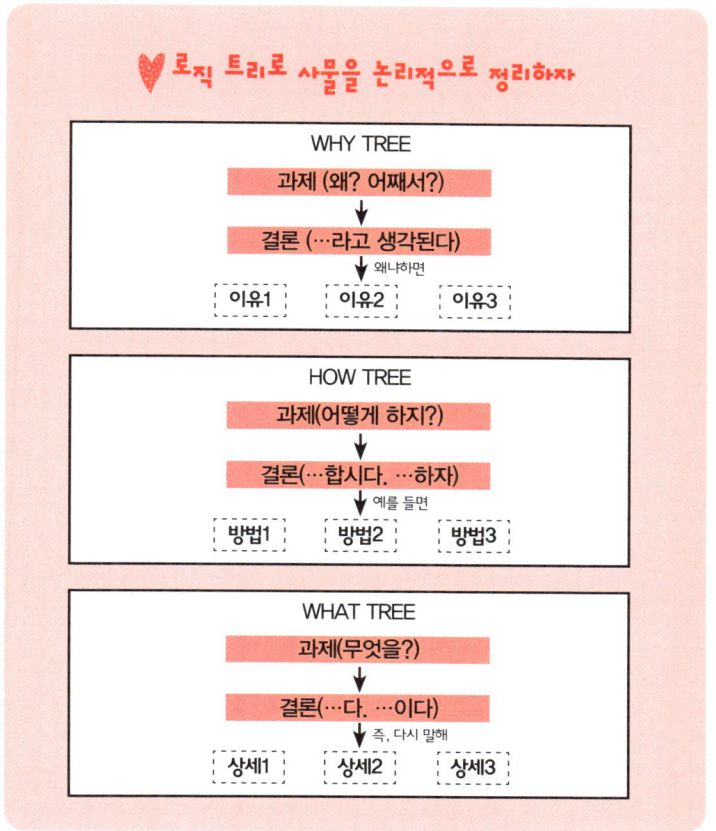

⑭ 자신 있는 테마로 이끄는 다리 놓기 화법

긴자의 호스티스들은 말하는 주제가 명확하지 않으면 바로 대기석으로 강판되고 만다. 단시간에 상대의 배경이나 관심사(공감 포인트)를 알아채고, 동시에 자신의 특징이나 강점을 어필해 흥미를 끌어낼 수 있어야 한다. 이것은 비즈니스에서도 마찬가지다.

그렇다고 자신이 말하고 싶은 주제만 무작정 밀어붙이는 것은 현명하지 않다. 이럴 때 나는 소위 '브릿징(Bridging) 어법'이라고 하는 다리 놓기 전술을 활용한다. 상대의 말에서 내 말로, 마치 다리가 놓인 것처럼 아무렇지 않게 건너와 결국 내가 말하고 싶은 화제로 이끄는 것이다.

내 경우엔 처음부터 긴자 출신이라는 사실을 밝히면 좋은 이미지를 얻지 못하는 것 같다. 이런 약점을 계산해 대화 중에 내가 매우 진지하고 확실한 사람이라는 이미지를 전할 수 있는 말투와 적절한 에피소드를 섞어 구사한다. 예를 들어 어린 시절부터 무도(武道)와 친숙해 소림사 권법이나 검도 등을 익힌 일, 경찰서에서 일할 때 목요일마다 남자들 틈에 끼어서 어려운 훈련을 받았던 경험, 최근에도 틈틈이 공수도(空手道)를 수련하고 있다는 사실… 등등.

물론 처음부터 무도를 화제로 삼는 것은 부자연스럽기 때문에 상대의 말에서 관련 주제를 찾아 자연스럽게 연결할 계기를 만든다. 대화하다가 '기본이 중요하다.'와 같은 화제가 떠오르면 '어린 시절부터 무도를 배운 터라 저도 자세나 기본기가 얼마나 중요한지 잘 알고 있습니다.' 하는 식으로 다리 놓기를 하는 것이다. 좋아하는 책을 화제로 삼으면 미야모토 무사시의 〈오륜서〉를 예로 들며 살며시 다리를 놓는다.

15 TPO나 상대에 맞춘 전화 타이밍

현대사회에서 가장 중요한 커뮤니케이션 도구는 휴대전화다. 악녀에게 휴대전화란 사랑을 나누기 위한 소도구인 동시에 일을 더 원만하게 처리하도록 도와주는 강력한 무기다. 특히 스케줄 기능이나 알람 기능을 활용하며 비즈니스맨으로서의 완벽한 모습을 보이는 한편, 소중한 사람과 만날 때는 과감히 전원을 꺼두는 모습을 보이는 등 악녀다운 삶을 연출하는 데도 요긴하다.

긴자에서 배운 전화 관련 스킬 중에 가장 중요하다고 생각하는 것은 바로 전화를 거는 타이밍이다. 똑같이 호객을 위한 전화를 할 때도 고객이 기뻐해 주는 시간과 확실히 폐를 끼치는 시간이 존재한다. 동반출근을 권유하는 전화는 핵심적인 업무가 어느 정도 정리된 오후 4시, 방문에 대한 감사 문자는 바로 다음 날, 상대로부터 대시 받았을 때의 답문은 가급적 늦게… 라는 식의 법칙이 있다.

전화 타이밍에 유의하는 것만으로도 호객 성공률이 무려 4배나 높아졌다. 그 뒤로는 말하기 이상으로 전화 타이밍에 최대한 신경 쓰는 버릇이 생겼다. 여러분도 정말 악녀가 되고 싶다면, TPO나 상대에 따라 최적의 타이밍을 골라 연락하는 테크닉을 연마해 보라. 이를 통해 자신이 원하는 결과를 내는 것은 물론이고 상대와의 지적 심리전을 즐기는 여유까지 만끽하면 좋겠다.

참고로 나는 전화를 그다지 좋아하지 않아 메일을 주로 이용한다. 전화는 상대의 사적인 시간에 무턱대고 날아드는 연락수단이다. 예전부터 "지금 통화 괜찮으세요?" 라고 물은 뒤 괜찮다는 답변을 듣고 용건을 말해 왔지만, 실은 전혀 괜찮지 않았다는 사실을 나중에 알게 된 케이스가 몇 차례 있다. 그래서 한동안은 상대의 목소리 톤이나 말투를 통해 현재 상태나 기분을 읽어내는 감수성을 발달시키려고 노력했었다. 대부분 공감하는 일일 것이다.

16 메일의 인상을 극적으로 바꿔 주는 수신인 칭찬술

전화에 서툰 나는 그만큼 메일 쓰기에 관해 공부했다. 예를 들어 'ㅇㅇ님'이라는 수신인 이름 앞에 형용사를 붙이는 테크닉이 있다. '존경하는 ㅇㅇ 선생님께', '멋쟁이 ㅇㅇ님' 하는 식으로 상대의 특징이나 개성을 한마디로 압축해 표현한다. 대단한 스킬은 아니지만 이런 작은 행동이 위트를 느끼게 하고, 메일 특유의 차가움을 줄이는 효과를 낸다.

상대의 행동에서 멋지다고 생각했던 부분을 메일에 살며시 끼워 넣는 것도 즐긴다. 예를 들어 '전날은 감사했습니다. 2차에서 보여주신 통솔력은 한 회사의 경영자답다는 인상을 주었습니다.' 라든지 '일 처리의 능숙함이 마치 시마 과장(만화 주인공)을 보는 것 같았습니다. 새삼스레 ㅇㅇ씨가 참 능력 있는 분이라는 생각이 듭니다.' 하고 적는다.

실제로 느낀 일을 과장하지 않고 표현하는 것이 비법이다. 나머지는 비즈니스에 충실한 어투와 내용으로도 충분하지만 이렇게 잠깐의 여유를 연출함으로써 발신자의 감정이 잘 느껴지지 않는 메일의 단점을 커버할 수 있다.

나는 또 메일을 처음 보낼 때는(특히 핸드폰 문자에) '축! 핫라인 개통'과 같은 재미있는 타이틀을 사용한다. 정식으로 쓸 때는 '후지타와 ㅇㅇ씨의 핫라인이 드디어 개통되었네요.' 하는 식으로 꾸민다. 이것도 상대와의 거리를 좁히는 데 효과가 있다. 그리고 메일 끝에는 '저는 ㅇㅇ와 ㅇㅇ가 특기입니다. 혹시 도움이 될 만한 일이 생기신다면 언제든 연락 주십시오.' 하는 코멘트를 꼭 남기고 있다.

이런 방법은 모두 긴자에서 익힌 것들이다. 매상을 올려야 하는 호스티스는 메일 등록부터 일반인과는 다르다. 등록된 고객 연락처를 보면 멋쟁이 ○○씨, 어깨가 넓은 ○○씨 하는 식으로 고객의 인상을 기록해 두고 있어서 일부러 메일 내용에 남기지 않아도 상대방이 자연스럽게 볼 수 있다. 매번 표현하지 않아도 동일한 효과를 볼 수 있다는 점에서 상당히 유용하다.

친구 중에 '칭찬의 달인'이 있다. 그에 따르면 칭찬하는 방법에도 여러 가지가 있다. 본인이 직접 전달하는 직접 칭찬, 긴자 아가씨들이 하는 것 같은 간접 칭찬, 그리고 일부러 다른 사람에게 "○○님은 정말 대단해요!" 라고 칭찬을 연발해서 본인까지 전달되도록 하는 메신저 칭찬 등이다.

메일에 이런 칭찬 기술까지 응용하면 자신만의 악녀 전략을 만드는 데 크게 도움 될 것이다. 덧붙여 악녀연구소에서 정리한 '악녀의 휴대전화 25개명'을 아래에 소개한다. 참고하면 크게 도움 될 것이라 믿어 의심치 않는다. 아낌없이 활용하시라!

♥ 악녀의 휴대전화 25개명

- 잘나가는 악녀는 주제가 명확한 타이틀 + 짧은 문장으로 메일을 보낸다.
- 잘나가는 악녀는 축하나 안부를 묻는 메일에 나름의 형식을 갖고 있다.
- 잘나가는 악녀는 이모티콘을 많이 쓰지 않는다.
- 잘나가는 악녀는 연락처 등록에도 존대를 한다.
- 잘나가는 악녀는 알람 기능을 시간 관리에도 사용한다.
- 잘나가는 악녀는 전화와 메일을 사용하는 방법에 능숙하다.
- 잘나가는 악녀는 전화를 거는 타이밍을 중시한다.
- 잘나가는 악녀는 연락처가 카테고리별로 말끔히 정리되어 있다.
- 잘나가는 악녀는 휴대폰 사진을 기록 대용으로도 활용한다.
- 잘나가는 악녀는 TPO에서 휴대전화와 일반전화를 나누어서 사용한다.
- 잘나가는 악녀는 전문 분야를 가진 사람이 다수 등록되어 있다.
- 잘나가는 악녀는 최적의 타이밍에 마음을 울리는 메시지를 보낸다.
- 잘나가는 악녀는 누구보다 휴대전화를 잘 활용하고 있는데 남들은 그 사실을 모른다.
- 잘나가는 악녀는 짤막한 메일 + 마음씀씀이가 엿보이는 한 문장이 기본형
- 잘나가는 악녀는 메일 타이틀에 위트와 취향이 묻어난다.
- 잘나가는 악녀는 답장을 보낼 타이밍을 스스로 조절할 수 있다.
- 잘나가는 악녀는 메일 문장에 지성과 위트를 적절히 담는다.

- 잘나가는 악녀는 전화할 때도 표정 관리를 하며 말한다.
- 잘나가는 악녀는 덧붙여 애인의 휴대폰을 체크하지 않는다.
- 잘나가는 악녀는 기념일에는 잊지 않고 감사 메일을 쓴다.
- 잘나가는 악녀는 전화를 끊는 것은 자기부터.
- 잘나가는 악녀는 때때로 과감하게 전원을 꺼두는 연출을 감행한다.
- 잘나가는 악녀는 메일이나 전화 반응을 보고 거리감이나 상황을 예측할 수 있다.
- 잘나가는 악녀는 손쉽게 상대방의 연락처(전화번호, 메일 주소)를 손에 넣는다.
- 잘나가는 악녀는 휴대전화를 통해 남자의 모습을 상상하지 않는다.

17 의뢰나 설득은 처음부터 확실하게!

회사에 근무할 때 내가 준비한 제안이 계속해서 퇴짜를 맞은 일이 있다. 문제를 파악하기 위해 홀로 반성회를 수차례 열다가 나의 나쁜 버릇을 깨닫게 되었다. 내 입장에서는 너무 간단한 일이라 상대도 분명히 알고 있을 거라고 착각한 상태에서 이야기를 전개하는 것이다.

내가 무척 당연하게 말하는 내용도 상대에 따라서 처음 듣는 이야기일 수 있고, 예상과 달리 메시지가 제대로 전달되지 못하는 경우도 종종 발생한다. 그래서 전달 방식을 바꿔 보았다. 전문적인 지식이 없는 사람도 알아들을 수 있도록 기본을 확실하게 설명해 모두 인식한 것을 확인한 다음에 본론을 꺼냈다. 나의 제안이 필요한 근거와 그에 따라 얻게 되는 효과와 메리트도 확실하게 설명했다.

이렇게 차근차근 설명한 결과, 실제로 일이 원활하게 진행되었다. 시간으로 따지면 겨우 몇 분 차이일 뿐인데, 참으로 놀라운 변화였다.

단순히 복사를 해 달라는 간단한 작업을 요구할 때도 다음과 같이 구체적으로 요구사항을 제시해 보라.

- 거래처에서 프레젠테이션 자료로 배포하고 싶다.
- 4개의 슬라이드를 A4용지에 인쇄.
- 몇 부가 필요.
- 한 부씩 별도로 철해 주길 원한다.
- 몇 시까지 해 주었으면 좋겠다.
- 완료되면 바로 체크하고 싶으니 알려 달라.

이렇게 구체적으로 지시하면 "거래처에 주는 걸 왜 이렇게 번거롭게~" 하던 불평이 "거래처에 전달하기로 한 자료니까…" 하고 바뀐다.

회사에는 "저 사람이 ~해 주지 않는다."고 불평하는 사람이 꼭 있다. 하지만 불평을 듣고 뭐라 하기 전에 요구하는 쪽에서 먼저 확실하게 준비해서 지시하는 습관을 들여 보라. 그러면 일을 받아 하는 사람도 원활하게 움직여 시간 낭비를 줄일 수 있고 여러 가지 트러블에서 쉽게 해방된다. 직접 체험해 보면 그 의미를 바로 알 수 있을 것이다.

⑱ 기왕 하는 선물이라면 기습 작전으로!

발렌타인데이에 '의리 초콜릿'을 받는 것보다 잔업하고 있을 때 불시에 단 것을 전해 주는 쪽이 더 사랑스럽다.

악녀라면 선물에도 약간의 서프라이즈 효과를 빠뜨리지 않는다. 생일이나 크리스마스 등을 기회 삼아 동료들에게 작은 선물을 보내는 것은 좋은 수단이 된다.

연하장과 같은 의례적인 물건이 잔뜩 들어올 시기에는 무엇을 줘도 잘 드러나지 않게 마련이고, 상대방도 특별히 기뻐해 주지 않는다. 그렇다면 차라리 평소에 '건강하십니까?', '늘 신세지고 있습니다.' 하는 카드나 엽서를 보내는 편이 낫지 않을까? 그래서 나는 연하장은 조금 멀어진 사람에게 다시 연락할 기회로만 활용하고 있다.

선물을 받을 때도 전혀 예상치 못한 불의의 습격처럼 전달받으면 훨씬 기쁘다. 언제나 상냥하게 대하면 그것을 당연하게 느끼기 쉽지만, 평소 냉랭하던 사람이 때때로 상냥하게 굴면 감동으로 승화된다.

악녀도 가끔 좋은 사람처럼 보이고 싶을 때가 있지만, 이런 의외성을 노리기 위해 평소에는 쿨하게 절제할 필요가 있다. 대신에 가끔 친절을 베풀 기회를 만들려고 의식적으로 노력하는 것은 좋다. 이때 주의할 것은 기왕 친절하게 굴기로 마음먹었다면 자기만 기분이 좋아서는 안 되고 상대도 기뻐해야 한다는 거다. 간혹 이 점을 망각하는 사람이 있는데 그러면 안하느니만 못하다.

악녀연구소 멤버인 S씨가 발렌타인데이 때 지인들에게 의리 초콜릿을 전하는 과정이 재미있어서 소개한다.

내용물은 모두 같은 종류의 초콜릿. 그런데 초콜릿을 전할 때마다 "늘 신세를 지고 있는 ○○씨에게는 조금 특별한 것으로… 후후후…" 하고 한 마디를 추가한다. 이것은 '독대(獨對)'를 통해 상대의 마음을 파악하고자 했던 도쿠가와 이에야스를 떠올리게 하는 에피소드다. 사람은 자신만이 특별히 대접받는다고 느끼면 기쁘게 마련이다. 그게 결코 '스페셜'하지 않았다는 사실을 나중에 알게 되더라도 "에이, 뭐야." 하고 가볍게 넘어갈 뿐 죄를 묻지 않는다.

더구나 S씨는 '…후후후' 하는 뉘앙스로 그것이 조크라는 사실을 사전에 알렸다. 이건 굉장한 처세술이다. 겨우 그 정도 행동으로 의리 초콜릿은 그 이상의 부가가치를 만들어냈다. 혹시 의리 초콜릿을 전하는 관례가 있는 직장에 다닌다면 이를 꼭 참고하시라. 또 다른 장면에도 충분히 응용할 수 있는 에피소드이므로 한 번쯤 실천해 보기를 바란다.

19 감사는 철저하게! 4번의 인사와 고객 리스트

요즘은 일도 가사도 육아도 모두 완벽하게 해내려고 하는 슈퍼우먼들이 많은 것 같다. 하지만 나는 남의 힘을 빌리는 것도 필요하다고 생각한다. 안 되는 일에 집착해 나를 혹사하고 구속하고 싶지는 않다.

나는 일에 확실히 매진할 수 있고, 집을 쾌적하게 유지할 수 있고, 아이와 보낼 시간을 낼 수 있으면 충분하다고 늘 생각한다. 지금은 각각 회사의 스태프, 가사 도우미, 전남편의 도움을 받으며 일과 가사, 육아를 해결하고 있다. 돌이켜보면 실로 다양한 이들에게 도움을 받고 살아왔다. 그래서 기회가 있을 때마다 감사하는 마음을 빠짐없이 전하려고 노력한다.

긴자에서 익힌 스킬 중에 '4번의 인사'라는 것이 있다. 우리는 남에게 무언가를 받으면 "감사합니다." 하고 말한다. 지극히 반사적인 인사 습관이다. 긴자에서는 이런 의례적인 감사에 앞서 예의를 표현하는 사람이 되어 이득을 보라고 가르친다.

구체적으로 설명하면 이렇다. 이전에 만난 고객을 두 번째로 만나면 "예전에는 감사했습니다." 하고 앞서의 만남에 대한 예의를 표한다. 중요한 것은 그 다음부터다. "지난 시즌에 이어 또 찾아 주시다니 진심으로 감사합니다." 하고 세 번째 감사를 표한다. 거기에 더해 시간을 두고 "언젠가 ○○해 주셔서 무척 기뻤습니다." 하며 구체적인 화제를 꺼낸다. 이렇게 모두 네 번 인사한다.

첫 번째와 두 번째 인사는 당연한 것이므로 크게 신경 쓰지 않는 분들이 많지만 그 다음은 상당히 오래 인상에 남는 것 같다. '저 녀석은 의리가 있으니까 뭔가 해 주고 싶네.' 하는 마음이 형성되는 것이다.

이런 경험을 살려 나는 언제나 출장 갈 때마다 고객 리스트를 가지고 다닌다. 항상 도움을 받고 있는 분들과 한때 도움을 받았으나 최근에는 잘 만나지 못하는 분들의 이름을 적은 리스트다. 이 분들께 특별히 명절 선물을 챙겨 보내지는 않지만 가끔 출장지에서 '덕분에 잘 지내고 있습니다.' 하는 의미로 그 지방 특산품을 보낸다.

이것은 긴자에서 만난 멋쟁이 신사를 따라한 것이다. 그는 이따금 생각났다는 듯이 특정 지역에서만 살 수 있는 특산품을 보내오곤 했다. 오래 전에 그의 두꺼운 고객 리스트를 본 적이 있다. 선물을 받았다는 사실도 기쁘지만 이따금 남의 기억 속에 고마운 얼굴로 떠올려진다는 사실은 대단히 영광스럽다. 오랫동안 만나지 못해도 이렇게 선물을 주고받다 보면 거리감이 느껴지지 않는다. 어쩌다 다시 만나도 늘 신세지고 있다는 느낌마저 든다.

공자님 말씀 중에 이런 내용이 있다. '감사하다고 마음속으로 생각하는 인(仁)은 상대에게 전해지지 않는다. 전할 수 없다면 마음이 없는 것과 다를 바 없으므로 예(禮)라는 형태로 상대에서 전하는 것이 중요하다.'

역이나 공항에서 그 지방 특산품을 살펴보며 고마운 사람들을 떠올리는 시간이 나에게는 무척 즐겁다. 선물을 받는 쪽에서는 '후지타 씨, 잘 지내는 구나.' 하고 안심할 것이다. 여러분도 출장이나 여행을 갈 때 선물에 감사한 마음을 담아 보내 보시라. 그 효과가 바로 나타날 것이다.

20 남자 마음을 조정하는 프라이드 자극술

나는 결혼과 이혼을 남들보다 많이 했고 긴자 호스티스로 일한 경험도 있어 남자를 쉽게 갈아치울 것 같은 인상을 줄 때가 많다. 하지만 여전히 남자의 마음은 알다가도 모르겠다. 흔히 여자의 마음을 '갈대 같다'고 표현하지만 내겐 남자의 마음이 그렇다. 그 정도로 남자의 심리는 파악하기 어려운데, 유일하게 때와 장소를 가리지 않고 누구든 효과를 볼 수 있는 남자 조종술이 한 가지 있다. 그것은 다름 아닌 남자의 프라이드를 자극하는 것이다.

실제로 유치원에 다니는 아들을 상대로 실험해 본 적이 있다. 우리 아들은 아침식사는 무조건 밥을 원하는 사나이 중의 사나이다. 전남편에게는 늘 빵을 주고도 불평 한마디 들어본 일이 없는데, 이 녀석은 아침에 빵 먹기를 죽기보다 싫어한다. 지금까지 제멋대로 남자를 갈아치운 인과응보라는 생각에 자식 불평을 다 들어 주던 나는 어느 날 한 가지 아이디어가 떠올랐다. 그것은 일명 '프라이드 자극&휩쓸리기 작전'이다.

"아들아, 지금 식사 준비할 건데 도와주지 않을래? 엄마 혼자서는 힘든데 우리 아들이 도와주면 참 믿음직스러울 것 같아…." 아들은 빵을 오븐에 넣어 준다던지 스프에 넣을 야채를 잘라주면서 그 행동에 빠져드는 듯했다. 도움을 주는 것은 누구에게나 마음 뿌듯한 일이지만 특히 남자들은 그런 도취감이 더욱 강력하다.

식사 준비를 끝낸 후 아들이 싫어하는 빵을 아침식사로 내놓았는데, 평소처럼 남기지 않고 "맛있다, 맛있다."를 연발하며 잘도 먹었다. 뒷정리를 하는 나에게 "엄마, 오늘 둘이 만든 아침식사는 정말 맛있었어. 내가 또 도와줄게." 라고 말하기까지 했다.

그러고 보니 회사에 다닐 때 내가 진행하는 프로젝트를 완강히 반대하던 상관에게 중간부터 도움을 간절히 원하는 흉내를 내자 나중에는 매우 적극적으로 나를 응원하는 협력자가 되었던 기억이 난다.

이처럼 어른이든 아이든 남자의 프라이드를 자극하는 것은 매우 유용하다. 원하는 결과를 얻기 위해서는 지시나 명령보다 이 편이 훨씬 원만하다.

프라이드 자극 작전은 상대의 분노를 억제시키는 데도 효과적이다. 예전에 몸이 약한 아들을 걱정해 모자에 마스크까지 쓴 수상한 복장으로 공원의 나무 틈에 숨어 친구들과 노는 아들을 몰래 관찰한 적이 있다. 그런데, 누가 수상쩍게 보고 신고를 해서 경찰차가 3대나 출동하는 사태로 번져 버렸다.

'자식을 걱정하는 엄마가 그렇게 수상쩍어 보여? 게다가 경찰차 3대라니, 그렇게 한가해?' 속으론 어처구니가 없었지만 얼굴이 화끈거리는 건 어쩔 수 없었다. 오해할 만한 복장과 행동에 문제를 제기하며 나를 압박해 오는 경찰에게 이렇게 대답했다.

"이 동네에서 아이를 키우고 있다는 사실이 정말이지 기쁩니다. 수상한 사람을 보면 바로 신고해 주는 훌륭한 이웃이 있군요. 또 그런 사실에 이렇게 빨리 대응해 주시는 경찰 분들도 계시고…. 아들이 많이 걱정되어서 민폐를 끼쳤습니다만, 이렇게 훌륭한 동네에서 아이를 키울 수 있다는 사실을 무척 감사하게 생각합니다. 바쁘신 와중에 정말 실례가 많았습니다."

그러자 화가 단단히 났던 경찰들도, 수상하게 보고 신고했던 이웃 주민도 함박 웃음꽃이 피었다. 나는 물론 현장에서 무죄 방면되었다.

남을 기분 좋게 만들거나 트러블을 정리하는 말을 사전에 공부해 두면 좋다. 이는 결코 부정적인 일도 아니고 교활한 행동도 아니다. 원하는 결과와 좋은 인간관계를 만들 수 있다면 비즈니스에 적극 활용할 가치가 있다.

㉑ "NO!" 할 수 있는 사람이 되는 반론 트레이닝

언제나 좋은 사람으로 있으면 능력 없어 보이거나 사내에서 함부로 취급받기 일쑤다. 때로는 거부의사를 표명하거나 명확한 반론을 제기하는 쪽이 우수해 보인다.

그렇다고 해도 오랜 세월 몸에 밴 '그렇네요(호호호)' 캐릭터는 쉽게 사라지지 않는다. 지금은 악녀 캐릭터를 대표하는 나도 예전에는 NO를 말하지 못하는 평범한 직장인이었다. 그러다가 '어떻게든 NO를 말할 수 있는 사람이 되고 싶다.'는 각오에서 시작한 것이 일과 직접적인 관계가 없는 상황에서 "NO!"를 외쳐 보는 반론 트레이닝이다. 심리학 관련 책에서 읽은 내용을 과감하게 실천에 옮긴 것이다.

예를 들어 무서운 상관과 점심식사를 하러 갔을 때 "네!? 이 가게에서 가쓰돈이라니요. 이곳은 단연 면 요리입니다. 저는 메밀국수요!" 하고 당당히 말한다거나(겨우 이것뿐이지만 처음에는 상당히 긴장했다), 야구 중계에 관한 이야기를 나누면서 "저는 어제 투수 교체 시기가 적절하지 않았다고 생각해요." 하며 자기 주장을 편다.

지극히 간단하고 별 볼 일 없는 내용이 분명하다. 하지만 상대의 기분을 상하게 하지 않으면서 아무래도 상관없는 상황을 이용해 조금씩 반론하는 연습을 한 결과, 의외로 큰 도움이 되었다. 특히 '자기 의견을 말할 수 있는 녀석'이라는 소문이 삽시간에 사내로 퍼져나간 것은 뜻밖의 쾌거였다. 그럴 리 없다고 의심하지 마시라. 이는 분명한 사실이다.

단, 반론 트레이닝을 할 때 한 가지 주의할 것이 있는데, 연습 상대는 반드시 평소에 NO라고 말하고 싶은 사람이어야 한다. 지금까지 NO를 말하고 싶었는데 한 번도 하지 못했던 상대에게 직접 NO를 표현해 보는 경험은 심리적으로 자신을 강화시킨다. 늘 제멋대로 말하는 남자친구나 남편을 상대로 연습한들 아무 효과가 없다.

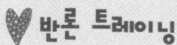

일할 때 너무 무서워서 도저히 아무 말도 붙이기 어려운 상관

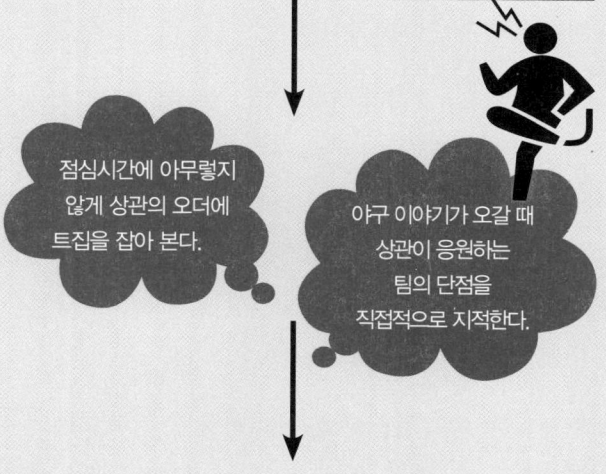

점심시간에 아무렇지 않게 상관의 오더에 트집을 잡아 본다.

야구 이야기가 오갈 때 상관이 응원하는 팀의 단점을 직접적으로 지적한다.

상대의 기분을 망치지 않고 '이 사람은 자기 의견을 낼 수 있다'는 인식을 얻는다.

22 때로는 과감하게 진짜 화남 연출하기

NO라는 의사 표시의 극단적인 케이스는 짜증이다. 감정을 그대로 표출하라는 게 아니다. 적절한 상황을 골라 능숙하게 '짜증내는 나'를 보여주는 것이 중요하다. 내 경우는 그렇게 행동해도 사람들이 화났다고 보지 않았다. 그래서 섹시하게 보이는 포즈 이상으로 짜증내는(?) 연습을 많이 했다.

기본적으로 나는 소심한 편이어서 고작 떠오른 것이 파일을 내리쳐 큰 소리를 내는 작전이었다. 손에 든 파일로 책상을 한 번 내리쳐 주목을 끈 뒤에 "적당히 하십시오!" 하고 한마디 크게 내지른다. 그러면 눈을 마주친 상대는 당황하게 마련이고 주변 사람들도 깜짝 놀란다. 이러면 불합리한 일들로부터 당분간 자유로워진다.

이때 중요한 것은 단순히 화만 내질러서는 안 된다는 사실이다. "적당히 하십시오!" 하고 소리친 뒤엔 조금 뜸을 들였다가 "…라고 말할지도 모릅니다." 하며 슬그머니 말끝을 흐린다. 이렇게 분위기를 살짝 중화시켜야 놀랐던 상대의 기분도 어느 정도 풀어 줄 수 있다. 나는 남자들만 득실대는 회사에서 일했기 때문에 조금 과격하게 굴었는지도 모른다. 각자 자신이 처한 환경에 맞춰 화내기 연출법을 개발해 보시라.

나는 이것도 사전에 몇 번이나 연습한 뒤에 본방에 들어갔다. 처음에는 양손으로 책상을 내려치는 연습을 했지만 여자 힘으론 그다지 위협적인 소리가 나지 않아 파일 사용으로 선회했다. 어린 시절부터 무도를 연마했기 때문에 기합의 중요함을 잘 안다. 한 번 기합에서 지면 자신보다 한참 뒤지는 상대에게도 밀릴 수밖에 없다.

회사라는 조직에서도 대개는 심리적으로 밀려서 손해를 본다. 허나 그렇게 모든 일을 감내해서는 평생 손해만 보고 산다. 자기 능력을 발휘할 수 없는 처참한 기분은 또 어쩔 것인가. 자신을 지키기 위해서만이 아니라 회사의 이익의 위해서도 이런 식의 짜증은 가끔 표현할 필요하다.

자기만의 감정 표출법 혹은 연출법을 준비해서 기회가 왔을 때 반드시 사용하기 바란다. 장미는 가시가 있기 때문에 정중하게 취급받는 거라고 앞서도 말했다. 절대 잊지 마시길!

㉓ 커뮤니케이션 영역을 넓히는 응원의 달인

언제나 생각하는 거지만 커뮤니케이션은 특정 대상과의 관계에서 종료되는 것이 아니라 계속 확장해 간다. 방금 소개받은 사람과 멋지게 대화할 수 있다면 그것은 다른 부분에서 다른 형태로 뻗어가게 마련이다.

그래서 나는 평소에 가급적이면 다양한 사람들에게 도움을 주려고 노력한다. 예를 들어 창업을 준비 중인 여자를 보면 "매상이 어느 정도 나면 법인으로 전환하는 것이 좋다.", "회사를 만들면 어디에서 어느 정도의 지원금을 받을 수 있다."는 식으로 바로 어드바이스를 해 준다. 그리고 "무언가 곤란한 일이 생기면 언제든 연락하세요." 하고 마음의 문을 열어둔다.

그것도 특별히 마련된 자리에서가 아니라 이곳저곳에서 수다를 떨다가, 혹은 짬나는 시간을 활용해 구애 받지 않고 자연스럽게 '상담 전문가'처럼 행세하며 지낸다. 상대로부터 회신이 오는 경우는 많지 않지만 이런 내가 좋다. 아마 나처럼 남을 응원하기 좋아하는 사람이 많을 것이다.

하지만 세상에는 모처럼의 응원을 받기 거북해하는 사람도 의외로 많다. 진지한 사람일수록 그런 경향이 짙다. 이쪽은 순수하게 응원을 보내는데 친절로 받아들이지 않거나 필요 이상 경계하는 것은 보기 좋지 않다. 그러면 응원하던 사람도 '하지 말 걸 그랬다.'며 후회하게 된다.

실은 나도 남들의 응원에 대해 부담을 느끼고 거부하던 시기가 있었다. 처음에 플라워 숍을 창업하려고 했을 때 아버지 소개로 어느 플라워 숍에서 수업을 받은 일이 있다. 여러 가지로 도움을 많이 받아 마지막 달에 수업료를 내겠다고 했다. 그러자 플라워 숍 사장님은 절대로 받을 수 없다며 끝내 거절하고는 "호의라는 것은 그저 감사히 받아주면 되는 겁니다." 하셨다.

그 사장님이 내게 전하고자 한 것은 '응원하는 쪽도 부끄럽긴 마찬가지다. 그러니까 기분 좋게 받아주는 게 상대에 대한 예의다.' 하는 뜻이 아니었을까? 지하철에서 자리를 비켜 주려고 일어섰는데 단박에 거절당해 다시 앉게 될 때의 어색함과 비슷하다는 생각이 든다. 그 뒤로 나는 어떤 응원이나 도움을 받을 때 경계나 거절보다는 감사와 기쁨을 표하고 있다.

호의를 능숙하게 받아들이는 것도 악녀에게 필요한 덕목이다. 괜히 자존심을 세우며 "저는 그런 걸 쉽게 받아들이는 사람이 아닙니다." 하고 받아치거나 어떤 이유로든 거절하는 사람에게는 응원하고 싶어도 접근하기 어려워진다. 응원을 주고받는 데 능숙한 달인이 되기 위해서라도 오늘부터는 남의 호의를 순수하게 받아들이고 대신에 진심으로 감사를 표현하도록 노력해 보라.

24 서로가 행복해지는 악녀의 양보술

비즈니스는 물론이고 인생에서 100퍼센트 승리만 하는 사람은 없다. 오히려 늘 양보하고 달려가는 것이 일반적이다. 어차피 양보할 거라면 그 자체를 능숙한 커뮤니케이션 툴로 활용해서 효과를 올리는 편이 좋다. 그것이 바로 '악녀다운 양보술'이다.

비법 하나는 양보하는 횟수를 늘리고 양보의 폭을 좁게 설정하는 것이다. 가격 흥정이 전형적인 예다. 프리마켓에서 1만 엔짜리 물건을 내놓았는데 고객이 좀 더 싼 건 없는지 물었다고 치자. 이때 8천 엔까지 깎아줄 수 있다고 해서 당장에 "8천 엔만 주세요." 하면 안 된다. 처음에는 9천 엔, 다음엔 8천500엔, 점점 8천200엔, 8천 엔 하는 식으로 몇 차례에 걸쳐 조금씩 가격을 내리는 편이 판매자나 구매자 모두 제대로 교섭했다는 느낌을 받는다.

또, 같은 횟수로 가격을 내려도 매번 500엔씩 균일하게 내리면 계속 깎을 수 있겠다는 기대를 주게 되므로 가격 하락폭을 점점 좁혀 나가는 것이 좋다. 그래야 구매자가 '슬슬 한계치에 도달하겠군.' 하는 인상을 받는다.

나는 납기일에 대한 교섭을 진행할 때 이 방법을 적극 이용한다. 처음에는 납기일을 조금 여유 있게 신청해 두고 클라이언트의 요구가 있으면 하루 단축, 거듭 요청하면 반일 단축, 최종적으로는 시간 단위로 단축하는 방식을 쓴다. 이렇게 좁혀 나가면 상당히 무리한 일정이라는 인상을 상대방에게 주게 된다.

한 가지 더 소개하면, 우리 쪽에서 가격을 낮춰 계약이 성립된 직후에는 다른 업체를 소개해 달라고 의뢰한다. 이쪽에서 가격을 양보한 터라 상대도 어느 정도 협력하는 자세가 된다. 생각보다 싸게 계약했다는 사실에 만족감을 느끼거나 이득을 봤다는 기분을 맛보고 있기 때문이다. 교섭 후에 상대가 '이렇게 양보해 주다니….' 하고 생각하게 하면 그걸로 성공이다. 좋은 인간관계는 언젠가 이익이 되어 돌아오게 되어 있다.

물론 지나치게 양보하면 좀 더 양보 받을 수 있으리라는 오해를 사기 쉽다. 자신을 희생해서 정직하게 대응했지만 그 결과 서로 기분만 나빠지면 아무 소용이 없다. 훌륭한 양보란 상대는 물론이고 나도 행복하게 만드는 테크닉이다.

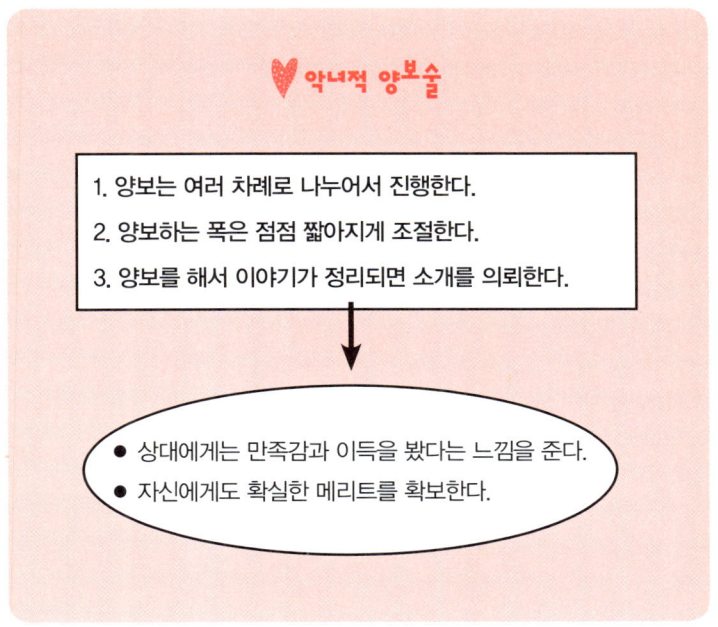

♥ 악녀적 양보술

1. 양보는 여러 차례로 나누어서 진행한다.
2. 양보하는 폭은 점점 짧아지게 조절한다.
3. 양보를 해서 이야기가 정리되면 소개를 의뢰한다.

↓

- 상대에게는 만족감과 이득을 봤다는 느낌을 준다.
- 자신에게도 확실한 메리트를 확보한다.

하루 24시간 물샐 틈 없는 시간 관리법

㉕ 아침에 30분, 회상 타임

하루는 누구에게나 평등한 24시간. 그 시간을 어떻게 사용하느냐가 중요하다. 시간관리 테크닉을 다룬 책이 서점에 많은 것도 그만큼 관심이 높은 분야이기 때문이다. 이번 장에서는 내가 하루를 어떻게 사용하는지 그 방법을 간단히 소개한다.

우선 아침을 어떻게 시작할까? 나는 매일 아침 30분 정도, 컴퓨터로 일을 시작하기 전에 반드시 하는 일이 두 가지 있다.

하나는 최근 연락을 하지 않는 사람의 얼굴을 떠올려 보는 것.

그 사람, 건강하게 잘 지내고 있을까? → 확실히 ●●를 좋아했었지. → 도움이 될 만한 책이나 소식은 없나? → 편지나 이메일을 쓴다.

또 다른 하나는 일기장을 펼쳐서 과거(대략 3년 전)의 오늘, 내가 무엇을 했는지 확인해 보는 것(예를 들어, 상반기 영업목표달성을 위해 방문강화 주간을 설정했다는 등).

과거 동일한 시기에 무슨 일을 하고 있었는지 재인식하면 확실히 일하는 데 많은 참고가 된다. 개인적인 기념일을 떠올리기도 쉽다. 또 내가 얼마큼 성장했는지 파악할 수 있으며, 같은 실수를 반복하지 않도록 각오를 다지는 기회도 얻을 수 있기에 꼭 추천하고 싶은 방법이다.

긴자의 마담 한 분은 고객의 생일을 일일이 적어둔 생일노트를 매일 체크한다. 고객의 생일 전에 작은 선물이라도 준비해 전달하기 위해서다.

당신은 매일 아침을 어떻게 시작하고 있는가? 아침에 30분 정도 나의 과거를 회상하는 것은 하루를 빈틈없이 유효하게 쓸 작전을 세우기 위한 준비운동일 뿐 아니라 사람들과의 인연을 계속 소중하게 이어가게 하는 효과도 있다.

㉖ 우아하게 시간 효율을 올리는 3단계 스케줄 관리법

대체로 하고 싶은 일이 별로 없는 사람은 시간을 효율적으로 활용할 생각조차 필요가 없지만, 악녀는 태생부터 욕심쟁이다. 일도 사랑도, 음식도 여행도, 꿈도 자기계발도 다 놓치고 싶지 않다고 생각한다. 그것도 흐트러짐 없이 아름다움을 그대로 유지한 채 모두 손에 넣고자 하는 것이 악녀 스타일이다.

이 모든 것을 이루기 위한 적절한 비결이 있다. 그 중 하나가 바로 3단계 스케줄 관리법이다.

1단계에서는 'To Do 리스트'를 작성한다. 할 일을 순차적으로 써서 우선순위를 결정하는 것이다.

머릿속에서 대충 우선순위를 정해 일하다 보면 자연히 편한 작업만 선호하게 되고, 어려운 난관에 부딪쳤을 때 실수도 적잖이 발생한다. 그래서 리스트가 필요하다. 'To Do 리스트'는 소위 잘 나가는 사람들이 활용하는 것을 보고 따라해 본 것인데, 이렇게 눈으로 확인할 수 있는 장치를 만드는 것만으로도 실수 가능성이 크게 줄어든다는 사실을 몸소 체험했다.

나는 처음에 노트에 리스트를 작성했다. 하지만 하루하루 미처리 된 내용들을 모아 재정리하는 것이 상당히 번거로웠기 때문에 지금은 컴퓨터를 이용해 리스트 작업을 한다. 컴퓨터로는 수정도 간단하고 강조할 부분에 색깔을 넣기도 편해서 리스트를 업데이트하기가 한결 수월하다.

이렇게 되면 번거로워서 그만두었다는 변명도 절대 할 수 없다. 회사 식구들이 나에게 무언가 하고 싶은 말이나 추가된 스케줄을 알릴 경우에도 바로 리스트에 반영할 수 있다는 점이 **빼놓을 수 없는 강점**이다.

최근에는 이런 스케줄 관리 툴이 인터넷 상에 많이 존재한다. 취향에 맞는 프로그램을 찾아 생활에 반영하면 업무 효율이 한층 업그레이드 될 것이다.

2단계는 스케줄 표에서 불필요한 내용을 삭제하는 것이다. 우선순위를 정해 매일 '해야 할 일'을 결정하고 웹상의 캘린더에 적어 놓는다. 나는 구글 캘린더를 주로 활용한다. 시각적으로 일정을 한눈에 파악하기 쉽게 설계되어 있다. 특히 캘린더에 적은 내용을 회사 식구들이 모두 볼 수 있도록 공유해 일일이 내게 묻지 않고도 오늘 어디서 무엇을 하는지, 이번 주나 다음 주에 잡혀있는 일정은 어떤지 등을 바로 알 수 있게 했다. 서로 확인하는 과정 하나가 줄기 때문에 시간 확보에 더 유리해진다.

덧붙여 스케줄을 정하는 방법으로 대개 금요일 저녁, 회사에서 15분에서 20분 정도 투자해 계획을 세우는 것이 좋다. 강연과 같은 일정은 회사 스태프들이 도와주기 때문에 짬나는 시간에 다른 회의나 콘텐츠 제작과 같은 일정을 소화한다는 식으로 구체적으로 제시하는 것이 좋다.

수년간 사회생활을 하고 있으면 이런 일은 대략 얼마 정도 시간이면 처리할 수 있다는 감이 온다. 하지만 트러블이나 예상치 못한 사태도 자주 일어난다. 따라서 대응할 수 있는 시간적 여유를 두고 스케줄을 작성하는 자세가 필요하다. 최근에는 예비시간이 점점 줄어들고 있어서 리스크를 줄이는 동시에 시간을 좀 더 효율적으로 쓸 수 있게 불필요한 일정을 과감히 삭제하는 결단력도 중요해지고 있다.

마지막 3단계는 모바일 기기를 이용해서 다음 스케줄을 사전에 알 수 있도록 준비하는 것이다. 나는 최소 1시간 전에 다음 스케줄을 알 수 있게 알림 설정을 해 놓았다. 약속을 깜빡 잊어먹는 경우가 생겨서 고안한 방법이지만, 지금 하고 있는 작업을 몇 시까지 끝내야 한다는 사실까지 인식시켜 준다는 점에서 더 애용하고 있다.

일에 시간제한이 걸려 있으면 더 집중하고 속도를 올릴 수 있다. 초등학교에 다닐 때 여름방학을 하루 남기고 정신없이 숙제를 하던 사람들에게 특히 추천하고 싶은 방법이다.

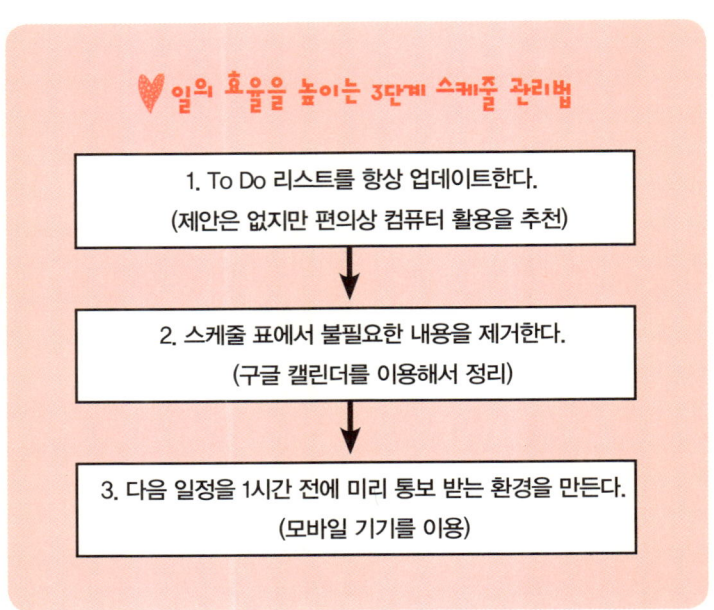

㉗ 남의 변덕에 휘둘리지 않는 사전 약속 확인법

중요한 약속을 사전에 확인하는 것은 시간을 효율적으로 사용하는 데 큰 도움이 된다. 미리 확인함으로써 일단 상대의 변덕에 휘둘리지 않게 된다.

긴자에서 만난 T 사장님은 사전 확인의 달인이다. 호스티스와의 식사 약속을 잡을 때도 그 진가를 발휘했다. 그에게서 다음과 같은 문자를 받은 적이 있다. '지난번 약속 기대하고 있습니다. 그런데 나오미 씨는 단 음식을 좋아합니까? 만약 좋아한다면 모 백화점 지하에서 파는 유명한 ㅇㅇ를 사 가지고 가겠습니다.'

처음에는 문장 그대로 받아들여 적절히 대응했다. 그것이 두세 번 계속되더니 언제부턴가 간단한 문장 한 줄만 날아들었다. 그때서야 이것이 소문으로만 듣던 T사장님 특유의 '사전 약속 확인법'이라는 사실을 알았다. 참고로 백화점에서 파는 유명한 ㅇㅇ는 다른 곳에서도 쉽게 살 수 있는 과자였다. 하지만 그것 때문에 기분이 나쁘지는 않았다. 오히려 그런 스킬을 알게 된 뒤 나도 고객과 구두로 한 약속을 실현시키고자 T사장님처럼 사전에 약속을 확인하기 시작했다.

무슨 일이든 상대방과 중요한 약속을 한 경우에는 미리 약속을 확인할 수 있는 방법을 마련해 두어야 한다는 점도 배웠다.

28 자투리 시간을 활용하는 영어수첩과 목표 리스트

짬나는 시간을 활용하는 방법은 무척 많은데 내가 주로 활용하는 것은 두 가지다.

우선 영어수첩을 만드는 것이다. 영어를 못한다고 걱정할 필요는 없다. 영어로 수첩을 정리한들 대개 패턴이 정해져 있어 익숙해지면 아무런 문제가 없다. 더구나 수첩에 적은 내용이 많으면 많을수록 자기암시가 강해져 스스로 영어를 잘 활용한다고 믿게 된다. 노력에 비해 효과가 좋으므로 강추한다. 이 방법의 핵심은 짬나는 시간만이라도 영어를 활용한다는 자기 나름의 동기를 부여하는 것이다. 거듭 말하지만 어렵게 생각할 필요가 전혀 없다. 아는 한도 내에서 자기만의 패턴을 만들면 된다. 어휘가 부족하면 관련 단어장을 구입해 부족한 부분을 채우면 그만이다. 생각보다 재미있고 효과도 발군이니 반드시 실행해 보시라.

영어수첩 외에 또 하나 효과가 좋은 것은 목표 리스트 작성이다. 남들이 보면 조금 부끄러운 내용이 많기 때문에 역시 영어로 작성하는 것이 좋다. 장황한 말이 아닌 심플한 표현이 좋다. 수첩을 펼쳤을 때 한눈에 파악되는 정도면 충분하다. 몇 번이고 반복해서 나의 목표를 확실하게 마음에 심는다.

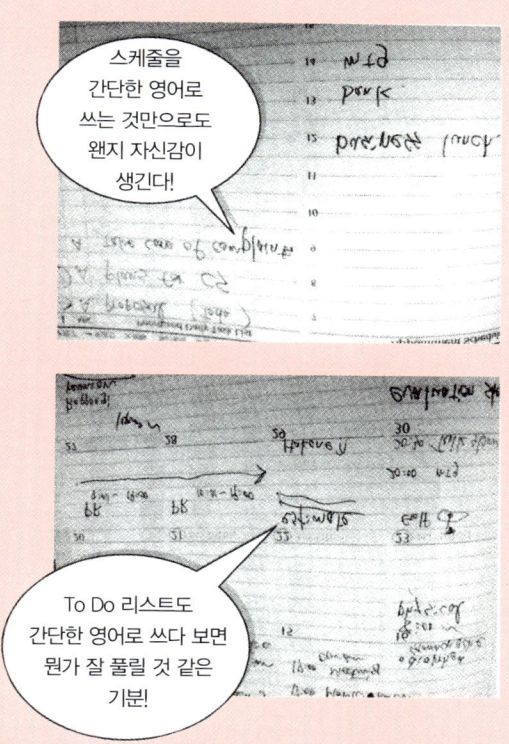

㉙ 시간관념을 일깨워 주는 센스만점 상황 판단력

 어느 주말, 마라톤 회의를 마치고 기분전환을 위해 인근 공원에 들렀다가 옛날 동료인 H씨를 만났다. 오랜만에 우연한 장소에서 재회해 마음은 무척 반가웠지만 다음 스케줄이 빠듯했던 터라 약간 당황스러웠다. 그래서 조금 바쁘다는 듯 기색을 했는데도 그는 전혀 개의치 않고 따발총 같은 수다를 이어갔다. 시계를 보며 계속 눈치를 주는데도 전혀 알아채지 못했다. '미운 사람, 바쁜 와중에 계속 말을 걸어오는 사람'이라는 〈마쿠라노소시(枕草子)〉의 구절이 생각날 정도로 괴로운 상황이었다.

 한편, 같은 날 프로젝트 진행을 위해 연락이 온 N사장님은 무척 대조적이었다. "지금 시간 괜찮으십니까?", "주말인데 미안합니다. 실은…" 하면서 충분히 양해를 얻은 뒤 본론만 간단히 정리해서 말하고는 바로 전화를 끊었다. 주말임에도 일하고 있다는 사실에 격려의 말을 잊지 않았다는 점이나, 용건을 명확하고도 간단하게 정리해서 전하는 테크닉은 우수한 비즈니스맨이라는 인상을 남기기에 충분했다.

 전화상의 목소리나 속도로 상대의 현재 상황을 파악하는 능력은 감성적인 부분이 크게 좌우할지도 모른다. 하지만 훌륭한 시간관리 기술 중 하나라고 믿어 의심치 않는다.

 그러고 보면 나는 의외로 순진한 편이라서 매번 전화를 걸 때마다 "지금 괜찮으세요?", "○○분 정도 시간 내 주실 수 있나요?" 하며 일일이 상대의 의사를 묻는다. 그런데 처음부터 이런 식으로 접근하면 상대로부터 시간관념이 없다고 원망을 듣는 일은 줄어들 것 같다.

일에 필요한 스킬을 올리는 스피드 공부법

③⓪ 뇌 과학에 기초한 모나리자 학습법

나도 공부를 좋아하는 편이다. 자기투자로서 공부가 큰 이득이 된다는 사실을 인지한 뒤로는 그 필요성을 더 실감하고 있다. 그렇다고 학창시절에 공부를 잘했던 건 아니다. 오히려 반대였다. 그런 내가 지금도 공부를 계속 할 수 있는 이유는 곧바로 성과를 낼 수 있다거나 공부 자체를 즐길 수 있는 종목만 골라서 하기 때문이다. 한마디로 동기 부여가 확실하다.

긴자에서 일할 때 집중적으로 공부한 것은 역사와 와인이다. 지금은 '역녀(歷女)'라는 말이 유행할 정도로 역사를 좋아하는 여성들이 많아졌지만, 당시만 해도 남자들(특히 중년)이나 좋아하는 역사 이야기를 함께 나눌 수 있는 여자 상대라는 점에서 상당히 희귀한 존재로 분류되었다. 긴자를 졸업하고 나서도 역사적 사실을 대화중에 살짝 집어넣으면 설득력이 배가되고 똑똑하다는 인상까지 남겨 사회생활에 도움이 컸다.

경비회사에 다닐 때는 컴퓨터로 건물 도면을 그리는 일이 필요하다고 느꼈다. 방문한 건물의 외관, 실내 도면 등을 그리는 작업은 이전에 한 공부와는 완전히 다른 분야였다. 그 과정도 상당한 노력이 필요했지만 관련 지식을 얻음으로써 직장생활에 많은 도움이 되었다.

비즈니스에서는 좋은 사람보다 도움이 되는 사람이 소중하다. 여러분도 직장생활을 하는 데 도움이 될 만한 공부를 지금 당장 시작한다면 자신의 주가를 더욱 높일 수 있다.

경영자가 된 뒤에는 공부할 종목이 마케팅이나 세무 등으로 바뀌었다. 이런 지식은 회사를 운영하는 데 반드시 필요하고 자신을 구원해 줄 내용으로 가득 차 있다.

공부 효과를 올리기 위해서는 '성과로 직접 연결된다=공부는 이득이 된다.'는 공식을 뇌에 입력할 필요가 있다. '하지 않으면 안 된다.'거나 '하는 게 좋다.'는 정도로는 공부를 지속시킬 수 없다. 바로 활용할 수 있는 지식을 우선 공부하는 편이 심플하고 유효한 방법이다.

우리의 기분이나 감정은 몸 상태와 밀접하게 관련이 있다. 마음가짐이 불량한 사람들도 레몬을 상상하면 입에 침이 고일 것이다. 누구든 이미지에 의해 몸이 반응한다.

긴자 호스티스는 직업상 웃고 있을 때가 많고, 웃지 않을 때도 입 꼬리를 올리고 있다. 싫은 손님에게도 웃음으로 대하고, 흥미가 없는 어려운 이야기에도 미소를 보이며 대응한다. 그렇게 계속 웃고 있으면 자신도 모르게 즐거워진다.

한없이 어두운 표정을 하고 있는 사람은 그런 기분에서 절대로 빠져나올 수 없다. 그런 사실을 충분히 인지하고서 '능력 있는 나'를 떠올리며 공부를 시작하면 마음속에 아래와 같은 하나의 흐름이 생겨 학습 효과가 한층 좋아진다.

공부한다 → 비즈니스 스킬을 올린다 → 습득한 지식과 스킬로 이득을 본다

모나리자처럼 계속 웃는 표정을 짓고 있으면 뇌도 자연히 즐겁다고 착각하고, 결과적으로 지식을 흡수하기 쉬운 상태로 바꿔주는 것은 아닐까? 나는 가속학습으로 유명한 미국의 러닝 스트래터지스(Learning Strategies)사가 공인한 포토리딩(PhotoReading : 속독법) 지도사로도 활동하고 있는데, 그 강좌에서도 '미소를 보인다.', '적극적이고 긍정적으로 사고한다.'는 것이 강력한 옵션이라고 소개한다.

재미있다고 생각하며 즐겁게 공부하다 보면 분명히 많은 혜택이 따른다. 이것은 돈도 들지 않는다. 누구나 간단하게 할 수 있는 일이니까 용기를 내서 실행에 옮기기만 하면 된다.

만약 '아무리 그래도 즐거운 마음으론 공부할 수 없다.'고 단언하는 사람들에게는 다음에 소개하는 방법을 권하고 싶다.

31 의외로 큰 도움이 되는 만화 학습법

나는 남자들 특히 윗사람과 이야기할 때 역사를 자주 화제에 올린다. 더구나 나의 이혼 경력을 이유로 제멋대로 훈계하려 들 때는 "동양의 성인이라고 일컬어지는 공자님도 두 번이나 실수를 하셨는데 나 같은 범인이 실수하지 않는 건 무리가 아닐까요?" 하고 말해 버린다.

그런데 이런 역사 상식은 대부분 어른이 된 뒤에 공부한 것이다. 그것도 대개 역사 만화로 전반적인 내용을 파악한 뒤 흥미가 생기는 시대나 인물을 다룬 만화나 소설을 참고해 궁금증을 해결해 왔다. 물론 흥미가 끊이지 않으면 전문서나 원서를 살펴보기도 한다. 덧붙여 NHK의 역사 다큐멘터리를 시청하거나 대하사극도 즐겨 본다.

이렇게 하면 단순히 암기하는 것이 아니라 스토리를 곱씹으면서 몇 번이고 다양한 소재로부터 같은 이야기를 접하게 되기 때문에 오래도록 기억에 남는다. 화제로 삼을 때도 다양한 에피소드가 함께 생각나기 때문에 상당한 도움이 된다.

전국어머니회 같은 단체는 이런 나의 주장에 반론을 제기할지도 모른다. 하지만 나는 공부하는 데 만화가 매우 효과적인 툴이라고 생각하고 있다. 뭔가 새로운 일을 만났을 때는 가속이 생기는 단계에 도달하기까지가 가장 힘들고 좌절하기도 쉽다. 공부도 마찬가지다. 그래서 나는 우선 관심을 높이고 그 속도를 높이기 위해 만화를 활용한다.

'공부는 싫다.'고 생각하면 뇌에서 긴장을 높이는 노르아드레날린(noradrenaline) 호르몬을 분비한다. 이 물질이 나오면 우리가 아무리 노력해도 집중하기 어렵다. 실제로 공부를 하지 않으면 안 되는데 책상 앞에 앉으면 도저히 집중이 되지 않던 상황들을 우리는 모두 경험했다.

하지만 공부의 도입 부분에 만화를 끼워 넣으면 사정은 달라진다. 만화는 일단 오락물이라는 개념이 뿌리 깊게 박혀 있기 때문에 그것이 학습만화라 할지라도 기분 좋게 읽어 내릴 수 있다. 그러면 흐트러졌던 기분도 다잡을 수 있고, 집중력을 높이는 β엔돌핀 호르몬이 많이 분비된다. 어려운 내용이라도 만화에는 쉽게 집중하게 되는 과학적 이유가 바로 이것이다.

참고로 역사만이 아니라 주식, 비즈니스, 법률 등에 이르기까지 학습만화는 무척 다양하게 나와 있다.

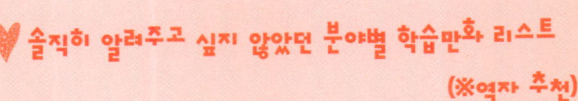

♥ 솔직히 알려주고 싶지 않았던 분야별 학습만화 리스트
(※역자 추천)

공부법	최강입시전설 꼴찌, 동경대 가다!	미타 노리후사(지은이)
역사	만화 삼국지	요코야마 미쓰테루(지은이) 만화 도쿠가와 이에야스	요코야마 미쓰테루(지은이)
경제	정갑영 교수의 만화로 읽는 알콩달콩 경제학 | 정갑영(지은이), 박철권(그림)
주식	만화 주식투자 무작정 따라하기 | 이금희(지은이), 윤재수(그림)
영어	그램툰 Gramtoon	김영훈&김형규(지은이)

32 매일의 경험에서 배우는 비즈니스 일기

긴자에서 처음 아르바이트를 할 때 어떻게 하면 인기를 얻을 수 있을지 몰라 일기 같은 것을 썼다. 처음에는 '누구누구가 오셨다.', '이 사람은 ○△ 씨와 친한 사이니까 가까이 하면 안된다.'는 식으로 메모하는 수준이었다. 하지만 점차 고객에게서 받은 어드바이스, 중간에 지명이 철회된 원인 등을 곰곰이 생각해서 쓰기 시작했다.

전업 호스티스가 되면 자기 고객의 술값을 호스티스가 보증하는 형태가 된다. 따라서 고객의 술값을 기록하고 매상 계획을 세우기 위해서도 일기는 반드시 필요해진다.

이렇게 매일 쓰는 일을 반복하면서 생각하고 움직이는 습관에 자연스럽게 길들여진 것 같다. 이런 습관은 지금도 굉장히 도움된다. 비즈니스 일기 한 달치를 분석하면 나의 어떤 행동이 성과를 만들었는지, 어떤 행동이 무의미했는지 알 수 있기 때문이다.

무의미한 행동을 줄이고 제대로 하지 못한 부분을 개선하는 것만으로도 시간 관리가 좀 더 수월해진다. 내가 많은 시간을 들이고 있는 행동을 통해서 지금 하는 일 중에 서툰 부분이나 좋아하는 부분도 확실히 파악할 수 있다.

공부는 단순히 책을 읽거나 자격증을 따는 것만이 전부는 아니다. 자신의 경험이나 느낌, 그리고 생각을 통해서도 많은 것을 배울 수 있다.

일기라는 형식에 집착할 필요는 없으니 스케줄 표의 여백에 메모를 쓰는 것부터 시작해 보라. 일단은 자신의 직장생활이나 비즈니스를 중심 테마로 삼아 뭐든지 써 보도록 한다.

㉝ 바쁘다는 핑계로 하지 않는 공부시간 확보법

공부가 중요하다는 사실을 실감하고 있어도 시간을 어떻게 확보하느냐가 새로운 관건이다.

긴자에서 일할 때 나는 밤 11시 반에 칼퇴근 하는 호스티스였다. 이는 독특한 경우다. 나를 찾는 고객이 그때까지만 있다는 의미도 되지만, 그보다는 내겐 시간제한이 있다는 것을 알기 때문에 고객들이 빨리 찾아왔다. 분명 재미있게 놀며 분위기가 무르익고 있는데도 시간이 되면 나는 반드시 퇴근했다. 그래서 고객들은 나를 일찍 지명하고 보자는 식이 되었다.

반면에 나와 달리 진지하게 일하는 전업 호스티스들은 손님의 애프터(가게가 폐점하고 나서 식사나 노래방 가기)를 수락하고 온힘을 다해 새벽까지 상대해 주다가 다음날 최악의 컨디션이 된다. 더구나 "저 아이는 애프터를 쉽게 응하니까 나중에 불러도 돼." 하고 뒷전으로 밀리는 경우도 비일비재하다.

실은 처음 긴자에서 아르바이트를 했던 가게가 밤 11시 반에 폐점하는 곳이었다. 그래서인지 가게는 이른 시간부터 번성하는 것 같았다. 나는 이를 분석해 나중에 큰 가게로 옮길 때 그것을 조건으로 내걸었다. 당시에 나는 긴자에서 10분만 걸으면 도착할 수 있는 동네에 살고 있어서 일이 끝나면 바로 집으로 돌아가 목욕을 하고 20분 정도 일기(근무일지)를 쓴 다음 침대에 들어가 책을 읽는 나날을 보냈다.

공부할 시간이 없다고 말하기 전에 우선 공부할 시간을 확보하는 데 게임하듯 철저히 파고들어 보자!

나를 일류 브랜드로 만드는 이미지 관리법

㉞ 사용법에 주의, 눈물의 임팩트 작전

강해 보이는 여자가 갑자기 약한 모습을 보이면 주변 사람들에게 좋은 의미든 나쁜 의미든 상당한 임팩트를 준다. 사람은 누구나 평소와 다른 상태나 현상에 강하게 반응하는 경향이 있기 때문이다.

그러고 보니 강하고 잘나가는 여성의 대명사이며 남편의 불륜 문제도 대수롭지 않게 넘긴 힐러리 클린턴이 미국 대통령선거의 민주당 후보를 결정하는 예비선거에서 버럭 오바마에게 뒤져 눈물을 흘리며 아쉬워하던 장면이 생각난다. 그 눈물은 '아이스 퀸'이라고 불리던 그녀의 이미지를 크게 바꾸며 역전 승리도 가능하다는 말이 나올 정도로 어마어마한 반향을 일으켰다. 실제로 투표일의 출구조사와 그 직전 여론조사를 비교하면 다수의 여성표가 흘러들어간 것을 알 수 있다.

그런데 자신의 모교인 예일대학의 집회에서 옛 친구들과 만나 감격의 눈물을 흘리는 그녀의 모습이 추가로 언론에 보도되자 상황이 또 한 번 바뀌었다. 대중은 "뭐야, 또 우네?" 하고 시큰둥하게 반응하며 눈물을 흘리는 힐러리의 모습을 더 이상 대수롭지 않게 여겼다.

나는 남자들만 가득한 직장에서 너무나 분한 일을 당해 홀로 눈물을 흘린 적이 있다. 그에 대해 진심으로 걱정해 주는 사람이 있는가 하면 차갑게 대응하는 사람도 적잖았다. 이런 일종의 히든카드를 활용하고 회사에서 내내 끌려 다니지 않으려면 감정이 '눈물을 참을 수 없는 상태'까지 도달하지 않도록 최대한 억제하는 자기 컨트롤이 무엇보다 중요하다.

눈물은 조커(joker)와 같다. 최대한 아꼈다가 결정적인 한 방의 기회만을 잘 살려서 사용해야 한다.

㉟ 인상을 바꾸려면 겉모습부터! 외모 업그레이드 기술

인상을 바꾸려면 옷차림이나 헤어스타일과 같은 외모부터 바뀌야 효과적이다.

겉모습보다 알맹이가 중요하다고 말하는 사람도 많지만, 역사를 봐도 우리는 외모에서 풍기는 인상을 더 중시한다. 예를 들어 전국시대 무장인 타케다 신겐(武田信玄, 1521~1573)이 자랑했던 '적색 기마대'를 생각해 보라. 당시 붉은 염료는 대단히 귀해서 강한 무장만 사용할 수 있었다. 그런 염료로 물들인 타케다의 기마대를 마주하면 상대 군사들은 사기가 급격히 떨어졌다고 한다. 현대적으로 해석하면 빨간색이 사람을 더 적극적이고 파워풀하게 보이도록 하는 심리적 효과를 일으켜 상대로 하여금 자신보다 높은 존재로 인식하게 만들었던 것 같다. 외모가 미치는 영향은 무시할 수 없다.

나는 호스티스가 되었을 때나 관리직이 되었을 때, 경영자가 되었을 때마다 옷차림과 헤어스타일을 바꿨다. 고급스런 분위기가 나도록 기모노를 입는다거나 긴 머리를 올려 본다거나, 셔츠나 슈트를 주문해서 입는 등 자리에 어울리는 신비스럽고 독창적인 분위기를 내려고 했다. 그런 과정을 통해 마음이나 행동도 외모에 어울리게 변한다는 사실을 알게 되었다.

돈이 들기 때문에 무리라고 말하지 말라. 일단 패션에 관심을 갖기 시작하면 재활용 상품을 적절하게 활용한다거나 주변에서 선물로 받은 상품권을 쓰거나, 할인 매장을 적극적으로 이용하는 등 비교적 저렴한 방법으로 자신을 꾸밀 수 있다. 값이 싸도 체형에 맞고 분위기가 좋으면 옷이 고급스러워 보인다. 또, 따라 하고 싶은 타깃의 옷차림을 연구해 자신의 패션 감각을 업그레이드 시키는 것도 상상 이상의 효과를 볼 수 있다.

지금도 나는 '관리직 여자들은 어떻게 화장을 하지?', '여사장다운 헤어스타일은 뭘까?' 하고 궁금해 하며 언제나 능력 있는 모습과 인상, 안정감을 줄 수 있는 외모 만들기에 매진한다. 이런 외모지상주의적인 자세가 일하는 데 부정적인 영향을 준다고 생각하거나 자신은 패션을 잘 모르니까 무리라고 단념하는 사람도 있을 것이다. 하지만 외모를 꾸며서 얻게 되는 효과는 절대적이라는 사실을 기억하자.

우리 회사에서는 '외모 강화 프로그램'이라는 것을 부정기적으로 진행한다. 그 수업에 참가한 사람들의 변신을 보며 겉모습을 업그레이드하겠다는 적극적인 의지가 사람의 내면마저 변화시킨다는 점을 두 눈으로 똑똑히 확인하고 있다.

내가 외국 책을 들고 다니는 것도, 영자신문을 들고 출근하는 것도, 읽기 위한 목적보다는 당당한 자기 연출을 위한 소도구로서의 기능이 더 강하다.

36 말투와 행동거지는 무술처럼! 기합 & 리듬 작전

외모에 변화를 주는 타이밍에 말투와 행동 패턴을 함께 바꾸면 효과가 더욱 커진다. 나는 비즈니스에 임할 때는 반드시 똑 부러지게 단정하는 어조를 쓴다.

예를 들어 영업회의에서 부서의 목표를 발표할 때 "이렇게 하고 싶다고 생각합니다.", "이렇게 하면 좋을 것 같습니다." 같은 애매한 말투가 아니라 "이렇게 하겠습니다.", "실적은 총 ○○엔입니다."로 확실하게 표현한다. '…라고 생각합니다.' 라든가 '힘내겠습니다.'는 탈출구를 마련한 듯한 인상을 준다. 앞으로의 계획이기에 불안한 점이 있는 것도 당연하지만 일단은 간결하게 말하는 편이 좋다.

나의 이런 행동은 어린 시절부터 꾸준히 해 온 무도에서 영향을 받았다. 자세가 나쁘면 능력이 부족해 보이기 쉽고, 지나치게 정중해도 마찬가지다. 무술 동작의 기본은 동작 하나하나를 올바르게 끊어서 표현하되 확실하게 '리듬'을 유지하는 것이다. 예를 들어 검도 시합에서는 시합장에 올라가 경기를 시작하는 신호가 나올 때까지의 동작이 정해져 있다. 그 모든 동작은 정갈하고 지극히 아름답다.

나는 일에 있어서도 그런 동작을 흉내 낸다. 상대 앞에서는 당당하게, 머리를 숙이는 것은 가볍게, 그리고 자기 자리로 돌아올 때는 천천히… 하는 식이다. 시시해 보일지 모르지만 동작 하나하나에 신경 쓰고 의식해서 행동하면 자신이 생각하는 것보다 훨씬 더 그럴싸하게 보인다.

문장으로는 도저히 이해가 안 간다면 일류 호텔에서 일하는 호텔리어의 동작을 떠올려 보시라. 호텔 라운지로 커피를 마시러 가면 2천 엔밖에 안되는 투자로 좋은 공부를 할 수 있다. 관찰할 것은 호텔리어들이 걷는 법, 말하는 법, 여러 가지 상황에 따른 행동들이다. 자세히 보면 '절도 있게 움직인다, 예의 바르게 행동한다, 동작 하나하나가 구분되어 있다'는 공통점을 발견할 수 있다.

나는 회사에 막 들어갔을 때 복도에서 뛰어다닌다고 자주 꾸중을 들었다. 신입사원이라 조금은 귀엽게 봐 준 부분이 있지만 어느 정도 경력이 쌓인 뒤라면 절대 봐줄 수 없는 일이다. 회사가 자신에게 바라는 것과 스스로 희망하는 것에 어울리는 말투와 행동 패턴을 적극적으로 연구하는 자세가 필요하다.

37 비즈니스에도 득이 되는 TPO 스타일링 기술

대기업들은 왜 CF 제작에 인기 절정의 여배우나 예능인을 기용해서 그렇게 많은 돈을 지불할까? 아름다운 사람, 멋진 사람에 대한 호감은 사람들의 인식이나 판단을 흐리게 해 결과적으로 기업이 원하는 행동을 유발하기 때문이다. '나도 저런 모습이 되고 싶어.' 하는 동경이나 '저 사람이 추천한다면…' 하는 신뢰감은 이미 우리가 수없이 느껴본 감정이다.

악녀가 이런 점을 활용하지 않을 수 없다. 특히 20대나 30대는 화장이나 패션, 헤어스타일에 조금만 신경을 쓰면 금방 아름다워지는 나이다. 미모에 자신이 있든 없든 자신에게 어울리는 화장법을 익히면 인생도 비즈니스도 더 순탄해질 수 있다.

나는 긴자에서 메이크업을 철저히 연구했고 헐리웃도 울고 갈 메이크업 미인이라는 사실을 스스로 잘 알고 있다. 그리고 말 그대로 '꾸밈없이' 비즈니스 무대에 올라섰을 때 받게 되는 냉소도 잘 안다. 그래서 상황에 맞게 자신을 꾸미는 일이 얼마나 큰 힘을 발휘하는지 꼭 알리고 싶다.

예를 들어 일을 부탁하거나 리더십을 발휘하고 싶을 때는 눈썹 라인을 바꾸면 효과적이다. 일반적으로 눈썹에 약간 곡선을 주는 경우가 많은데 각을 살짝 주면 인상이 강해 보인다.

우아하게 보이고 싶다면 이마가 보이도록 머리를 단정히 묶어 보라.

여성스러움을 강조하고 싶다면 같은 슈트 스타일이라도 플레어스커트를 선택하는 게 좋다. 비즈니스에는 대부분 쿨한 스타일이 어울리지만 신규 거래처와의 영업에는 여성스러움을 강조하는 편이 낫다.

색감 선택도 매우 중요하다. 다채로운 컬러들 중에서 비즈니스 옷차림에 알맞은 색은 정해져 있다. 특히 중대한 계약에 나설 때는 검은색만한 것이 없다. 실제로 주변을 살펴봐도 검정은 결단을 내리거나 단호함을 나타낼 때 흔히 입는다.

첫 만남에는 베이지색 슈트를 입어야 성공 확률이 높다고 소개한 책도 있었지만, 나는 검은색이 표정을 더 세밀하게 전달한다고 생각해 이런 경우에도 블랙을 선택한다. 하지만 나이가 좀 든 여성이 올 블랙으로 차려 입으면 얼굴이 칙칙해 보일 수 있다. 이럴 때는 목선에 밝은 색 포인트를 주거나 목걸이 같은 액세서리로 색감을 조절해 주면 좋다. 아무리 보수적인 직장이라도 어두운 슈트 안에 밝은 옷을 받쳐 입는 것은 문제될 리 없다.

패션에 대한 좀 더 구체적인 어드바이스는 책 성격과 무관하므로 더 이상 언급하지 않겠다. 서점에 가면 관련된 책이 대단히 많으니 궁금한 사람은 꼭 공부하기를 바란다.

마지막으로 정장을 인상적으로 스타일링하고 싶을 때 요긴한 악녀 테크닉을 하나 소개한다.

나는 말끔한 다크 슈트 안에는 소매가 없는 이너웨어를 즐겨 입는다. 겉모습은 빈틈없게 보이면서 피부의 노출 면적을 넓히는 전략이다. 이렇게 하면 일을 마치고 급히 드레스업이 필요한 장소에 가야 할 경우에도 액세서리로 조금만 꾸미면 바로 대처 가능하다.

또, 교섭이 원만히 진행되지 않아 심리적으로 다운된 상태이거나 생각을 정리할 시간이 필요할 때 "조금 덥네요. 실례하겠습니다." 말하며 그 앞에서 재킷을 벗어도 예상 외로 효과적이다. 갑옷과 같은 슈트를 벗어던지고 여성스러운 일면을 엿보이면 상대도 설레기 마련이다(물론 상대가 남자일 때만 통한다). 이런 걸 소위 미인계 쓴다고도 할 수 있겠지만, 긴장감을 줄이고 생각을 정리해 대응책을 마련하고자 시간을 벌 때 확실한 역할을 한다.

TPO에 어울리는 옷차림은 악녀가 비즈니스 세계에서 살아남는 데 반드시 필요한 요소이니 필히 익히자.

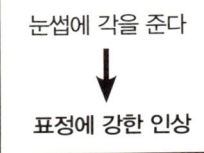
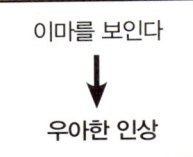

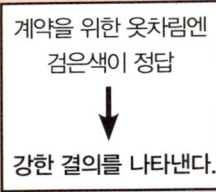

때때로 상처받은 나를 위로하는 멘탈 컨트롤

㊳ 슬럼프에 빠졌을 땐 흥얼거리자! 기분전환용 주문

여자는 남자보다 감상적이고 그것은 장점이다. 하지만 도저히 자신을 컨트롤하기 어려울 때가 찾아온다. 자기관리를 제대로 하고 있는 상황이라면 크게 걱정할 것 없지만, 문제는 기분이 한없이 가라앉을 때다. 이럴 땐 쉽사리 원래 상태로 되돌리기 어렵다. 그러나 악녀라면 어느 순간에도 무너지지 않도록 자기만의 대처법을 갖고 있어야 한다.

지금부터 나의 멘탈 컨트롤 기술을 소개하겠다.

살다보면 좋은 일도 있고 나쁜 일로 생긴다. 그것을 하나하나 신경 쓰고 챙기며 살 필요는 없다. 나쁜 일에는 마음이 괴로울 수밖에 없지만, 비 오는 날에 우산을 쓰거나 실내를 즐겁게 돌아다니는 것처럼 그 상황에 맞게 행동하면 또 그만이다. '왜 하필 오늘 비가 오는 거야?', '비가 오다니 우울해.' 하는 생각 따윈 조금도 득이 되지 않는다.

나는 일할 때 준비가 제대로 되지 않거나 주변 사람에게 폐를 끼치게 되면 마음이 아프다. 아이가 아플 때 곁에서 보살펴 주지 못하는 자신을 자책하며 끝없는 고통의 나락에 빠져들 때도 있다. 하지만 아무리 추락해도 결과는 바뀌지 않는다.

그렇다면 차라리 적극적으로 현실에 맞서는 건 어떨까? 그래서 자주 활용하는 것이 기분을 새롭게 만드는 기분전환 프레이즈(phrase)다.

영업 일을 하던 시절에 '저렇게까지 말해야 하나.' 싶을 정도로 심하게 모욕당한 적이 있다. 여자라고 특별취급하지 않겠다고 공언한 사람에게서 "여자는 닥치고 있어!"라는 폭언도 들어 봤다. 일하는 현장에서 이런 장면은 셀 수도 없이 반복된다. 그렇기 때문에 일일이 화내거나 슬프게 반응할 가치조차 없다.

나는 그럴 때마다 좋아하는 노래 한 구절이나 시구를 떠올려 마음속으로 읊조린다. 이것은 일종은 기분전환용 주문이다. 마음속으로 몇 번이고 반복해서 중얼거리다 보면 신기하게도 마음이 차분해지고 이런 일쯤 아무것도 아니라는 기분이 된다.

세상에는 불행만 가득하다고 말하며 자기 주변에서 빛나고 있는 행복을 발견하지 못하는 사람이 의외로 많다. 하지만 느끼는 방법이나 해석을 어떻게든 조절하면서, 괜한 슬럼프에 빠져 괴로워하고 상심하기보다는 스스로 행복을 길러 올리는 데 더 많은 에너지를 쏟는 편이 낫다.

㉟ 긍정적인 해석으로 좌절도 극복하는 리프레이밍 방법

똑같은 사실이라도 사람에 따라 받아들이는 방법은 다양하다. 그러니 자신이 덮어쓸 것 같은 해석을 그대로 인정하기보다는 적극적으로 새로운 해석을 내놓아 남들이 생각을 바꾸도록 하는 것이 제일이다. 이것이 바로 심리학 용어에서 따온 '리프레이밍(reframing)' 테크닉이다. 말하자면 액자 바꾸기 하듯 주어진 장면을 달리 보는 것이다.

아는 사람 중에 아내가 아이 셋을 남기고 도망친 사건이 있었다. 그것도 동네에서 금슬 좋기로 소문난 부부의 남편과 함께 도피했다. 심지어 그 둘이 데이트 자금을 마련하기 위해 그의 명의로 대출을 받은 것까지 발견되는 등 한바탕 소동이 일었다.

그런데 나중에 그를 만나 들어 보니 전혀 우울한 일이 아니었다고 한다. 발상을 조금 바꾸니 오히려 행복해지더란다. '60억 인구 중에 절반은 여자. 그리고 나는 지금 꽃다운 싱글!', '자금 운용도 내가 결정할 수 있다!' 이런 그의 생각은 획기적이기까지 했다.

예전에는 그는 아내가 돈 관리를 독점해서 용돈은 하루에 1천 엔이었다고 했다. 그 돈으로 점심을 먹거나 담배를 사면 주스 한 병도 마음껏 사먹을 수 없었다. 하지만 아내가 도망쳐 직접 자금 운용을 결정할 수 있게 되었다는 사실이 그를 새삼 밝아지게 만들었다. 또, 그런 식으로 기분을 바꾸니 아내가 남긴 물건을 보거나 상대 남자의 사진을 발견해도 슬프다는 느낌보다 '오히려 다행!'이라는 생각을 하게 되었다.

어떤 의미에서는 이런 것도 리프레이밍이다. 아내가 도망쳤다는 사실은 변하지 않지만 처음에 "아이를 남기고 달아났다."며 괴로워하던 모습에서 이제는 "믿을 수 없는 사람으로부터 자유로워졌다."고 기뻐하게 되었으니 말이다. 받아들이는 관점이 전혀 다르기 때문에 가능한 일이다.

나도 처음에 이혼할 때 나에게 책임을 돌리며 한참 괴로워했다. 그때 어떤 사람이 "대통령도, 새 차도 모두 임기가 있다. 당신은 무사히 임기를 마친 거다." 라고 위로해 주었다. 그 한마디로도 기분이 상당히 좋아졌던 기억이 아직도 생생하다.

사람에 따라 리프레이밍의 기준은 다르다. 나는 위의 예들처럼 기분이 급 다운되면 일단 좋은 면을 찾는 데 몰입한다. 이럴 때 가장 중요한 것은 자신이 받아들일 수 있는 탈출구를 찾아내는 일이다. 그것을 발견하면 괴로울 때도 기분을 빨리 바꿀 수 있다. 산도 있고 계곡도 있는 인생, 모두 원만하게 살아도록 노력해보자.

㊵ 이것이 궁극의 하트 소생술

리프레이밍으로도 처치 곤란한 상처를 받을 때가 있다.

예전의 나는 괴로운 일이 있으면 소화 장애가 생겼다. 학생시절부터 아들을 낳기 전까지 꽤 긴 세월 동안 고치지 못했다. 때로는 거식증과 같은 증상도 동반했다. 경험이 없는 사람은 모르겠지만 이런 상태가 지속되면 매일 매일이 지옥 같다. 그래서 병의 원인인 스트레스 해소법을 찾고자 갖은 시행착오를 거친 끝에 딱 얻어낸 결과가, 말하자면 하트 소생술이다.

우선 욕실에서 천천히 한 시간쯤 머문다. 처음엔 마음 상태가 불완전해서 괴로운 생각이 계속 나지만 나쁜 기운을 물로 씻어내고 있다고 상상한다. 다음엔 내 숨소리에 귀 기울이며 물에 둥둥 떠 있는 나를 상상한다. 그렇게 하면 어느새 마음이 차분하게 가라앉는다.

욕실에서 나오면 아로마 향을 피운다. 좋아하는 향기를 조금 어두운 방에서 마음껏 맡는다. 나는 로즈위트나 제라늄 향기를 좋아한다.

BGM은 조용한 음악에서 서서히 팝으로 옮겨가는 것이 효과적이다. 나는 처음에 조금 슬픈 음악을 듣는다. 클래식이라면 단조의 곡이나 장조의 곡이라도 느린 곡, 예를 들면 라벨의 '죽은 왕녀를 위한 파반느' 같은 것이 좋다. 이어서 조금 부드러운 곡을 듣고 마지막으로 경쾌하고 신나는 곡으로 바꾼다. 장대한 기분에 한껏 젖어들어 싶다면 사라 브라이트먼의 'Time to say good bye', 무조건 기분을 들뜨게 만들고 싶다면 영화 '록키'의 테마곡이 딱이다.

모두 듣는 데 두세 시간 정도 걸린다. 기운이 아주 심하게 빠졌을 때도 이렇게 하면 기분전환이 된다. 다시 말하지만 인생에는 산도 있고 계곡도 있다. 상처 받을 경우를 대비해서 나만의 의식을 준비해 두면 트러블이 발생했을 때 큰 도움이 된다.

41 스트레스를 날려 보내는 복수노트

공부법 편에서 설명한 대로 쓰는 행위는 통해 머릿속을 정리하고, 기억으로 정착시키고, 힌트를 떠오르게 한다.

쓴다는 것은 멘탈 컨트롤에서도 매우 효과적이다. 조금 장난스러운 방식이긴 하지만 나는 복수노트라는 것을 만들어서 '이 자식에게 괴롭힘 당했어, 두고 봐!' 하는 식으로 사건이 벌어질 때마다 메모를 적었다.

그 내용은 우연히 환경 저널리스트인 친구에게 말하자 "나오미, 그런 행동은 그만 해. 오늘 집으로 돌아가면 바로 그 노트는 버리도록 해." 라며 정말 걱정된다는 듯이 충고를 했다. 좀처럼 듣기 어려운 지적이고 사실 좋지 못한 행동일 수 있다고 생각해 그 날로 복수노트를 한 장 한 장 찢어서 버렸다.

그런데 그런 행위를 하면서 신기하게도 결단코 용서할 수 없다고 생각했던 복수에 대한 열망마저 휴지통에 같이 던져 버린 느낌이 들었다. 그 뒤로 나는 억울하고 화가 나서 도저히 몸 둘 바를 모를 때는 종이에 복수 멘트를 적은 다음 그것을 갈기갈기 찢어 휴지통에 버리고 있다.

또, '은혜 갚기 노트'라고 해서 지금 당장은 은혜를 갚을 수 없지만 절대로 잊지 말아야 할 것을 노트에 적고 있다. 이건 영구 보존판이다. 때때로 이 노트를 펼쳐보면 지금까지 참으로 많은 사람들에게 응원을 받았다는 사실에 새삼 감사해지고 과거의 기억과 용기, 그리고 경험담이 떠올라 마음을 다잡을 수 있다. 여러분도 꼭 노트를 활용해 흔들리는 자신을 다잡아 보기 바란다.

㊷ 나를 위한 시간과 응석 받아주기

잘 알겠지만 우리의 마음과 몸은 서로 연결되어 있다. 마음이 지쳤을 때는 대개 몸 상태도 좋지 않다.

급격한 기분 하락을 막기 위해 기분전환을 위한 시간을 따로 갖거나 마음 편히 쉬는 방법을 익혀둘 것을 추천한다. 단 몇 분이라도 좋으니 마음을 비우고 푸른 하늘을 올려다보거나 점심시간을 10분 빨리 끝내고 낮잠이라도 자 보면 어떨까?

그런 작은 행동이 의외로 몸과 마음을 건강한 상태로 되돌려주고, 부정적인 생각에 오염되지 않는 저항력을 키워준다. 또 스트레스가 무서울 정도로 오래 지속된다고 느끼거나 끝없이 기분이 추락할 때는 일찍 자고 일찍 일어나는 습관이 최고다. 맛있는 음식을 먹거나 마사지를 받으면서 몸 상태를 먼저 돌보는 것도 추천한다.

자신을 소중히 다루고 관리해야 하는 이는 바로 나 자신이다. 특히 직장에 다니는 여자들에게 자기만의 시간은 필수다. 정기적으로 자신에게 응석 부리며 자유를 느껴라. 그러면 멘탈 컨트롤도 자연스럽게 할 수 있고 건강도 눈에 띄게 좋아진다.

나는 때때로 아무도 모르게 시내 호텔에 투숙해 내 안의 트러블을 해결하는 '응석 타임'을 실시한다거나, 관계자와의 화합을 위한 자리를 마련해 내 감정과 상태를 점검하고 있다. 물론 응석을 부린 만큼 남들보다 두, 세 배는 더 열심히 일해야 한다. 하지만 필요할 때는 이처럼 철저하게 자기만을 위한 시간을 쓰고 마음껏 응석 부리는 것도 악녀로 살아가기 위한 생존전략이다.

자신의 무대를 넓혀가는 인맥 늘리기 기술

43 새로운 장소와 자극을 통해 성장하는 그룹 업그레이드 기술

일은 혼자 하는 것이 아니다. 회사 동료들, 고객, 외부 협력자, 그 외에 다양한 이들에게 도움을 받고 힘을 합쳐서 어떤 사회적 가치를 만들어 가는 것이다. 그것이 비즈니스의 매력이다. 이런 도움 네트워크가 넓어지면 넓어질수록 비즈니스는 좀 더 즐겁고 다이내믹하게 전개된다. 그런 관점에서 '인맥 관리'는 악녀라면 반드시 마스터해야 하는 필수 테크닉이다.

악녀는 기본적으로 스스로 탄력 있는 흐름을 만들어 가는 데 능숙하다. 그래서 언제나 주위에 사람들이 모이지만, 한편으로는 호기심을 자극하는 공간에 스스로 들어가는 것도 좋아한다. 이때 필요한 것이 그룹 업그레이드 기술이다.

여기서 그룹이란 자신이 흥미 있어 하는 부분에 대해 해답을 줄 수 있는 사람들이 한 곳에 모여 있는 자리, 그리고 그 자리에서 온 힘을 다해 궁금증을 해소하는 것을 뜻한다.

'이 모임에서 내가 헌신할 수 있는 일은 무엇일까?' 이 질문에 답이 생각난다면 그것이 매우 번거로운 일이라도 전력을 다하라. 모임에 참여한다는 것은 멤버들에게 무언가 헌신하겠다는 것과 동의어에 가깝다. 반대로 내가 헌신할 수 있는 일이 보이지 않으면 참여한 시기가 조금 빨랐다는 뜻이므로 타이밍을 기다리며 기회를 엿보는 것이 좋다.

한편, 업그레이드란 새롭게 참가한 모임을 통해서 모티베이션(motivation)을 한층 강화시킨다는 의미, 그리고 자신의 무대를 좀 더 넓힌다는 의미를 갖는다.

여자는 기분에 따라 의욕이나 결과가 변덕스럽게 나타난다. 정기적으로 새로운 모임에 참가하는 것은 새로운 자극을 받고 감정을 상승시킬 수 있다는 점에서 긍정적이다. 또, 자신이 속한 모임을 자기 힘으로 바꿔 보는 것은 자신이 어떤 사람이고 앞으로 어떤 무대에 오르고 싶은지를 생각해 볼 수 있는 좋은 기회가 된다.

내가 직장에 다닐 때 비슷한 직장인들하고만 관계를 맺었다면 독립이나 창업 같은 것은 꿈도 꾸지 못했을 것이다. 옆에 있는 샐러리맨에게 창업하고 싶다는 꿈을 이야기해도 "그만두는 편이 좋다."는 대답을 들을 확률이 높기 때문이다. 그 반대로 지금 작은 회사를 경영하는 친구에게 내 회사를 "상장시키고 싶다."고 하면 "그거 엄청 힘든 일이야." 라고 대답할 것이다. 자신이 상장해 본 적이 없기 때문에 직감적으로 느끼는 부담을 그대로 말하게 된다.

그렇기 때문에 무언가 하고 싶은 일이 있으면 그것을 실제로 하고 있는, 혹은 해 본 사람의 영역에 바로 들어가 확인해 볼 필요가 있다. 조언을 받을 때도 실제로 경험하지 못한 사람에게 물어보는 것은 소용이 없다. 나는 특히 스스로 귀가 얇은 사람이라는 것을 잘 알고 있기 때문에 좀 더 확실하고 의식이 깨어 있는 사람들 속에 나를 끼워 두려고 노력한다.

'주황색이 서로 겹치면 빨간색이 된다.'는 말이 있듯이 동경하는 사람들의 모임에서 활동하다 보면 어느 틈엔가 나도 그들처럼 적극적이고 의식 있는 사람처럼 행동하게 된다.

44 상대의 마음속으로 곧장 날아드는 선제질문법

가까워지고 싶은 사람과 인연을 맺기 위해서는 순식간에 상대의 마음속으로 날아들어야 한다. 그리고 상대의 마음속으로 날아드는 가장 간단한 방법은 능숙하게 질문하는 것이다.

질문의 장점은 세 가지가 있다.

첫째는 좋은 질문으로 상대를 기쁘게 만드는 것이다. 좋은 질문이란 당신의 이야기를 듣고 있다, 흥미를 갖고 있다는 신호를 담은 질문이다.

두 번째로 좋은 질문은 자신을 어필할 수 있는 절호의 기회를 만들어 준다. 사람들은 순간적으로 번뜩이고 재치 있는 질문을 하는 사람을 만나면 '이 사람은 분명 머리 회전이 빠른 사람이구나.' 하고 생각해 질문한 상대에게 흥미를 보인다. 대화중에 자신을 어필하고 싶다면 상대의 이야기를 들으며 어떤 질문을 하면 좋을지 집중해 고민해 볼 필요가 있다.

세 번째는 질문을 하면 알고 싶은 것을 가르쳐 준다는 점이다. 이것은 매우 당연한 얘긴데 상대가 가르쳐 주지 않을 거라고 생각해 애초에 질문조차 하지 않는 사람이 의외로 많다.

나는 내 멋대로 제자임을 자청해 모시고 있는 스승이 여럿 있다. 그 분들로부터 주옥같은 어드바이스를 많이 받았다. 질문을 할 때는 처음부터 포기하지 않고 정성을 다해 물어 본다. 그리고 자신이 할 수 있는 부분과 할 수 없는 부분을 나눠서 어드바이스를 구한다. 이는 성장과정에 있는 사람들에게 특히 필요한 자세다. 단, 질문을 할 때 주의사항이 있다. 무작정 "잘 모르겠으니 가르쳐 주십시오." 하는 태도는 절대 금물이다.

유명 기업의 창업자이며 지금도 회장으로 계시는 분께서 예전에 "내가 자네에게 왜 가르침을 주는지 알고 있는가?" 라고 물었다. 이유를 가만히 들어 보니 내게 두 가지 재능이 있다고 했다.

하나는 질문이 능숙하다는 것. "지금까지 쭉 노력했습니다만,

다음 과정을 어떻게 해야 할지 도저히 모르겠습니다." 이렇게 질문하는 방식이 좋다고 했다. 문제 해결을 위해 최대한 노력한 뒤에 도움을 구하는 자세, 즉 노력도 하고 실패도 맛본 후에 찾아온 게 좋았다는 얘기다.

다른 하나는 상대의 좋은 모습을 뽑아내는 능력이 있다는 것. 그 분 말씀에 따르면 누구나 좋은 모습과 나쁜 모습을 갖고 있는데 가급적이면 좋은 모습을 보이며 사는 편이 자신에게도 위안이 되고 행복감을 맛볼 수 있다. 그래서 자신에게서 좋은 모습을 발견해 다가오는 상대에게는 자연히 친절하게 된다고 말씀하셨다.

나는 이 말씀을 접한 후에 나름의 질문 규칙을 세웠다. 일단 인터넷에서 검색할 수 있는 것은 묻지 않는다. 질문은 인터넷이나 책을 찾아보고도 해결되지 않을 경우에만 한다.

㊺ 성공한 사람과의 접점을 넓히는 공감 포인트 작전

"당신은 긴자 시절의 인맥이 있어서 좋겠네요." 이런 황당한 말을 종종 듣는다. 하지만 그저 술자리에서 귀엽다고 생각한 여자를 비즈니스 파트너로 인정하고 응원해 줄 정도로 인심 후한 사람들은 아쉽게도 그리 많지 않다.

악녀는 인맥을 만드는 데 아주 신중하다. 모처럼 인맥을 형성할 기회를 잡았다면 가벼운 관계로 끝내는 것은 재미없고, 그렇다면 진심으로 관계를 발전시켜도 좋을지 진지하게 고민해야 하기 때문이다. 한정된 시간을 소중히 쓰기 위해서는 누구와 어떻게 관계를 맺을지, 말지를 확실하게 구분해야 한다. 그것이 따뜻한 인간관계를 구축하는 비결이다.

새로운 사람을 만났을 때는 괜히 팔방미인으로 취급당하지 않도록 잘 생각해서 행동한다. 그리고 상대와 친해지고 싶다는 마음의 결정을 내렸다면 공통 화제나 공감할 수 있는 포인트를 빨리 찾는다. 연애할 때도 상대가 좋아하는 테마나 화제를 찾으려 애쓰거나 그 분야에 대해 기초적인 지식이라도 공부하려들지 않는가.

당신을 평가해서 임금, 근무지, 부서, 담당할 프로젝트 등을 결정하는 사람, 거래처에서 결정권을 쥐고 있는 사람, 나중에 결혼하고 싶은 사람 등, 그리고 친구가 되거나 밀접한 관계를 맺고 싶은 남자가 생기면 그와 공감할 수 있는 포인트를 가급적 많이 발견할수록 좋다.

참고로 일반적으로 알아두면 좋은 내용을 언급해 보자면, 역사, 경제, 주식, 영어, 와인 등이 있다. 이런 테마는 인간관계뿐 아니라 자신을 위해서도 공부해 둘 가치가 있다. 이 정도 테마로 능숙하게 이야기하고 자기 의견을 말할 수 있게 되면 다양한 상황에 어울리는 커뮤니케이션 툴로 활용성이 충분해진다.

전문 분야를 만들어 서서히 단련시키는 것도 대단히 큰 도움이 된다. 어떤 선물을 들고 갈 때 '저 사람은 ○○한 사람'이라는 인상적인 이미지를 만드는 것도 필요하다. 나는 술을 좋아해서 유명 와인이나 시중에서 쉽게 구할 수 없는 희귀 제품을 여러 종류 가지고 있다. 술을 마시는 것도 좋아하지만 수집도 재미있게 즐긴다. 이런 취미는 새로운 관계를 만드는 데도 은근히 기여하고 있다.

㊻ 누구나 할 수 있는 팬 만들기 작전

인맥 만들기에는 내 팬을 만드는 행위도 포함된다. '팬'이라고 하면 부담스럽게 느낄지 모르지만 핵심은 약간의 훌륭함과 일하는 태도로 호감을 사는 정도의 일이다.

얼마 전 독특한 경험을 했다. 점심도 거른 채 일하다가 오후 4시를 넘겨 역 근처에 있는 작은 레스토랑을 찾아 들어갔다. 나는 소규모 레스토랑을 별로 좋아하지 않는 편인데, 협소한 메뉴와 뜻밖에도 비싼 가격대를 보고 더욱 실망스러웠다.

메뉴를 정하지 못하고 조금 난처해하고 있는데 담당자가 나타나 "이것과 이것은 우리 가게의 추천 메뉴입니다." 하고 도움을 주었다. 비싸다고 생각한 음식 값에는 샐러드바, 드링크바, 디저

트바 등이 모두 기본옵션으로 포함되어 있었다. 애초에 기대하지 않은 서비스를 받으니 조금 감동적이었다.

앞서 기대치 컨트롤 편에서도 언급했지만, 사람이 기대 이상의 서비스를 받으면 비용 대비 효과와 관계없이 일단 감정적으로 강렬한 호감이 생긴다. 나도 순간적으로 그런 기분에 혹했지만 급히 평정을 되찾았다(냉정히 따져보면 그리 큰 이득도 아니었다).

담당자가 추천한 수제 햄버거를 주문하자 흔히 보지 못했던 형태의 햄버거를 눈앞에 직접 가지고 와 조리해 주었다. 이런 퍼포먼스는 서비스 받는 입장에서 큰 즐거움이 될 수 있다.

솔직히 맛은 별로였다. 그런데 절묘한 타이밍에 담당자가 찾아와 "맛은 어떠십니까?" 물으니 바로 "맛있습니다." 하고 대답하게 되었다. 이런 식으로 물으면 누구나 똑같은 리액션을 취했을 거다. 그런데, 신기하게도 그렇게 대답하고 나자 진짜 맛있다는 기분이 들었다.

나의 이런 반응은 이미 심리학에서 입증된 사실이다. 확실히 사람들은 한 번 의사를 표시하면 알게 모르게 일관된 행동을 유지하려는 경향이 있다. 그래서 맛이 별로인 음식을 맛있다고 말하고 나자 감정과 사고도 그렇게 쏠리게 된 것이다. 충분히 예상 가능한 결과다.

디저트를 먹고 있을 때 종이로 만든 깔개처럼 생긴 앙케이트

용지에 펜, 캔디를 담은 그릇이 테이블 위에 가만히 올라왔다. 앙케이트 같은 건 번거로워서 하지 않는 편인데, 캔디를 받았다는 사실에 그만 응하고 말았다. 앙케이트 용지 구석에는 담당자 이름까지 적혀 있다. 이래서야 나쁜 말은 도저히 쓸 수 없다.

 계산하고 밖으로 나오며 솔직히 상술에 당했다는 기분도 들었다. 하지만 곧 고도의 영업 전략이라는 사실을 깨닫고는 감동할 수밖에 없었다. 동시에 '이 가게는 인상적인 영업술과 즐거움이 동반된 서프라이즈를 의도적으로 준비한 건가?', '사원교육 프로그램이 확실하다.'는 식의 흥미가 생겨 어느 틈엔가 운영 시스템에 대한 호감까지 갖게 되었다.

 살다보면 매우 사소한 일로 상대에게 부정적인 이미지를 갖게 되기도 하고, 반대로 사소한 일로 감동받고 긍정적인 이미지를 갖게 될 때도 있다. 그렇게 생각하면 나의 팬을 만든다는 미션은 결코 번거롭지도, 부담되는 일도 아니다. 내가 운영하는 악녀학 연구소도 많은 분들의 성원으로 금방 회원수 3천 명을 넘겼다. 매회 취소 가능한 참여형 스터디 모임이 이렇게까지 발전한 걸 보면 역시 성실함은 어떤 식으로든 성과를 올리는 것 같다.

 이처럼 작은 일이 모여 자발적 팬덤을 형성할 수 있다면 반드시 실천할 가치가 있다. 남들에게 응원 받는 자신이 되기 위해서 나만의 팬 만들기 작전을 당장 실행해 보라.

Epilogue

악녀적 행동으로 놀라게 해서 미안해요

"노비타 주제에…."
이것은 만화 〈도라에몽〉의 주인공 노비타를 괴롭히는 남자아이가 한 대사다. 나는 이 대사를 볼 때마다 무기력했던 과거의 내가 떠오른다.
여러분은 '라벨링 효과'를 알고 있는가? 나의 라벨이 남들 눈에 어떻게 보이고 기억되느냐에 따라 주변 사람은 물론이고 그 라벨을 붙인 나 자신까지도 절대적인 영향을 받는다는 개념이다.
회사에서 일을 할 줄 모르는 여자로 치부되어 스스로 부정적인 라벨을 붙이고 있던 나는 좋아하는 일을 하는 동안에도 '무능력한 사람'으로 인식되고 기억되었다. 그리고 모르는 사이에 "나 따위…" 하는 식으로 패배자의 모습을 보였다고 기억한다. 마치 "노비타 주제에…"라는 대사처럼, 스스로 만든 저주에 걸려 허우적댄거다.
나는 운이 좋게도 '악녀'라는 새로운 옷을 입게 되었고, 그것을 통해 새로운 나를 만들 수 있었다. 그러나 누구보다 열심히 일하면서도 늘 상처받고 있는 젊은 직장여성들을 보면 과거의 내가 떠올라 여전히 뭐라 말할 수 없는 심란한 기분에 휩싸이곤 한다.
악녀라는 말을 사전에서 찾아보면 '성질이나 마음씀씀이가 나쁜 여자' 또는 '품행이 나쁜 여자, 미운 여자'라고 정의되어 있다. 그러나 현실에서는 모두 알고 있는 대로 '현명, 미인, 실력파'를 대변할 정도로 라벨링 효과를 톡톡히 보는 존재들이다. 악녀 하면 떠오르던 과거의 무거운 느낌이나 인상도 어느덧 '실력 있는 여성'이라는 형태로 바뀌었다. 그 덕분에 의도하지 않은 악의에 대해 우리는 한결 여유 있게 '놀라게 해서 미안~' 하고 마음속으로 두 손 모아 사죄할 수 있게 되었다.

유대인의 옛말 중에 사람을 상처 입히는 것이 3가지가 있다고 했다.

- 고민
- 다툼
- 빈 지갑

이 중에서 사람을 가장 크게 상처 입히는 것은 빈 지갑이다.

나는 스스로 정한 인생을 내 책임하에 걸어 나가 마음이 든든해질 정도의 수입을 확보하는 것은 물론, 필요 이상의 상처를 입거나 상처 입히지 않고 평화롭게 살아가는 것이 삶의 최종 목표다.

그래서 자식을 키움에 조급해하지 않고 조금은 대범하게 행동할 수 있었고, 열심히 일하는 여자들에게 무언가 힌트나 용기를 줄 수 있다면 그만큼 훌륭한 일은 없다고 생각하며 오늘을 살아가고 있다.

남들이 붙인 라벨에 영향을 받거나 자신이 붙인 라벨을 어떻게 하면 좋을지 모르는 것은 누구나 겪는 숙제다. 하지만 진지하게 열심히만 일하는 동안에 소중한 사람이나 자신을 지켜온 힘마저 낭비해 버리는 일이 자주 벌어진다.

내가 이 책을 쓴 이유는 그 때문이다. 부디 열심히 일하고, 상처입고, 좌절하시라. 그리고 인생을 좀 더 강하고 적극적으로 살아가고 싶은 사람은 부디 나처럼 '악녀'라는 이름의 갑옷을 입고 묵묵히 일어서 다시 앞으로 나아가기를.

참고로 이 책에 언급하지 못한 내용은 물론이고 이후의 과정에 대해선 아래의 사이트를 통해 다양한 힌트나 생각을 전달할 계획이다.

초 판 1쇄 2011년 5월 2일
지은이 후지타 나오미
옮긴이 조경수
펴낸이 최정자
펴낸곳 도서출판 필통 · 서울 중구 을지로 3가 286-2 3F
전 화 02-2285-5852 **팩 스** 02-2275-1882
등 록 제 301-2009-162호

ⓒ 藤田尚弓 2011
※ 이 책의 저작권은 저자에게 있으며, 저작권자의 허가없이
   복제, 복사, 인용, 전제하는 행위는 법으로 금지되어 있습니다.
※ 값은 뒤표지에 있습니다. 잘못된 책은 구입하신 곳에서 바꿔드립니다.

ISBN 978-89-94866-13-0